말씀의 갈급함과 신앙의 갈등, 구원의 확신이 없는 성도님을 위한

성경이 보이고
느껴지며
이해가 되는

성경 수능노트

Bible Scholastic Aptitude Note

민홍기 지음

- 성경의 내용은 무엇인가
  - 주제별, 시대별, 내용별
- 성경이 무엇을 말씀하는가
  - 언약적 구속사와 하나님 나라
- 요한계시록은 어떤 내용인가
  - 내용구성, 용어설명
- 칼빈주의 신학은 무엇인가
  - 기본원리, 5대 교리
- 성경 각 권별 핵심내용은 무엇인가
  - 성경 66권의 내용요약
- 주요 언약의 성경말씀
- 웨스트민스터 소요리 문답
- 나의 Q.T 노트

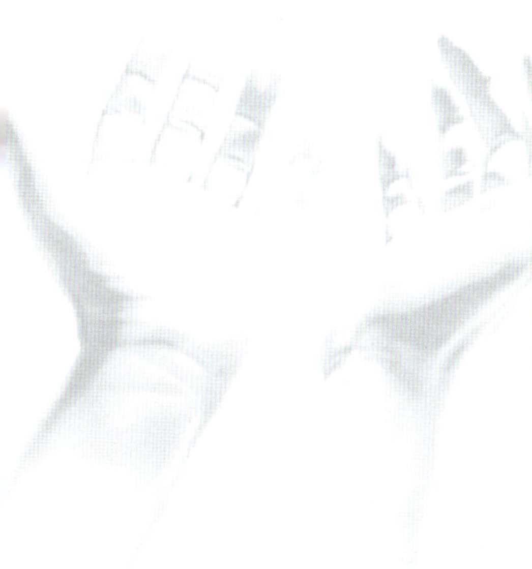

영원히 할렐루야

민 홍 기

창조주 하나님께 영광을
전능하신 하나님께 경배를
만왕의 왕께 존귀를
영원히 할렐루야

주님의 한없는 사랑에 감사를
어린양 되신 주님께 용서를
참 진리 되신 주님께 찬양을
할렐루야 영원히

창세전 택하시고 구속하셨으며
자녀 삼으시고 신령한 복을 주셨으니
은혜의 영광을 찬미하며
할렐루야 영원히

구원의 감격과 삶의 축복으로
만복의 근원, 역사의 주인이신 주님께
찬송과 경배로 존귀와 영광을
영원히 영원히 할렐루야 할렐루야 아멘

책을 펴내며

할렐루야!

존귀하신 하나님께 감사와 찬양과 영광을 드립니다. 아멘.

필자 역시 40년간 신앙생활을 해오면서 현재 섬기고 있는 교회는 설립 당시부터 30년간 섬겨왔으며, 현재 초대 수석장로로 25년간 시무하고 있습니다.

그동안 신앙생활을 하면서 남들처럼 성경도 읽고 부흥회와 간증집회, 그리고 사경회도 수없이 참석하였으며 여러 훌륭하신 목사님의 설교 말씀과 방송설교, 설교테이프도 구입하여 들었고 기도원에도 찾아다녔습니다. 그때마다 은혜도 받고 가슴도 뜨거워졌으며, 때로는 감사의 눈물도 흘리곤 하였습니다. 그러나 그때뿐, 시간이 지나면 다시금 물거품처럼 사라지고 또 말씀의 갈급함과 신앙의 갈등, 때로는 구원에 대한 확신도 의심하게 되었습니다.

오래 전, 어느 교회의 훌륭하신 권사님과 신앙에 관한 이야기를 나눈 적이 있었습니다. 그 권사님 말씀이 “믿으면 구원을 받는다고 하는데, 아무리 믿으려 해도 믿어지지 않고 구원의 확신도 없는데, 어떻게 하면 됩니까?”라고 하시며 답답할 때에는 교회에서 더욱 열심히 봉사하게 된다고 합니다.

오랜 기간, 많은 고민 끝에 얻은 결론은, 한 마디로 하나님의 말씀인 '성경을 잘 모르기 때문'임을 깨닫게 되었습니다. 그래서 스스로 다짐하고, 집중적으로 성경을 읽고 통독을 하게 되었으며, 3~4일에 성경 일독을 한 적도 여러 번 있었습니다. 그리고 그동안 수많은 성경통독을 하면서 참고문헌과 자료를 찾아가며 메모하고 암기도 하게 되었습니다.

그러나 성경내용만 알 뿐 그 내용이 무엇을 의미하며, 하나님의 뜻이 무엇인지, 무엇을 말씀하고 계신지, 다시금 궁금하고 갈급해하던 중에 주위의 권유로 언약적 구속사(성경신학, 언약신학)에 대한 공부를 함으로써 성경이 무엇을 말씀하고 있는지를 깨닫게 되었습니다.

그리고 평소 우리가 대부분 모르고 있는 요한계시록과 가장 정통신학이며 보수신학인 칼빈주의 신학에 대해서도 공부함으로써 믿음과 구원에 대해, 그리고 지금 우리가 살고 있는 시대가 무엇이며, 우리의 미래에 대해 깨닫게 되었습니다.

이 책의 내용은 지금까지 오랜 기간 동안 바쁜 일과 중에 틈틈이 공부하면서 메모한 내용들을 종합하여 정리한 것입니다.

그동안 구역 모임, 가정 심방, 전도회 모임, 직장 신우회, 학교 학생들에게, 그리고 강의 중 기회가 있을 때마다 말씀을 전하던 중 최근 MBC 신우회에서 성경특강을 네 차례 하면서 책을 내라는 권유를 받고 기도한 끝에 발간을 결심하게 되었습니다.

본 책을 통하여 그동안 필자와 같이 신앙생활에 갈등하며 말씀이 갈급하고 구원에 확신이 없는 성도님들에게 조금이라도 도움이 되셨으면 하는 마음이 간절할 뿐입니다.

끝으로, 그동안 성경공부를 하는데 도움을 준 여러 참고서적을 집필하신 모든 분들에게 깊은 감사의 마음을 전합니다.

지금까지 주님께서 인도하시고 역사하심에 무한한 감사와 영광을 드립니다. 할렐루야. 아멘.

2009년 5월

관악산 기슭에서

민 홍 기 드림

증보 개정판을 내면서

어느덧 초판을 발행한지 4년의 세월이 흘렀습니다.

지난해 연말 대학동창회 모임에서 화곡동에 어느 대형교회를 섬기고 있는 친구가 "나는 교회에 갈 때 성경책과 네가 쓴 『성경수능노트』 두 권만 가지고 다닌다."는 이야기를 듣고 고맙고 감사하기도 하지만 한편으로는 부족하고 미흡한 마음에 미안한 생각이 들었습니다.

성경공부를 하는데 보다 좋은 참고서로 활용하도록 보완해야겠다는 생각에 열심히 기도하면서, 그동안 부족하고 미흡한 내용을 수정하고 보완하여 이번에 증보개정판을 출판하게 되었습니다.

본 개정판을 통하여 성도님들이 성경공부하면서 참고서로써 보다 많은 도움이 되셨다면 저에게 더 없는 기쁨이 되고 주님께 영광이 될 것입니다.

세상은 날로 어두워져가고, 기독교는 점점 힘을 잃어 가고 있는 가운데, 우리 모두 주님 안에서 참 진리의 말씀을 바로 깨달아 믿음을 굳게 지켜 복음을 위해 세상의 빛과 소금이 되고 주님의 영광과 기쁨이 되기를 간절히 소원합니다.

앞으로 더욱 노력하여 성경공부에 대한 수학능력을 갖추는 일에 최선을 다하겠으며, 그동안 주님께서 이끄시고 인도하신 은혜를 생각할 때 한없는 감사와 찬양과 영광을 드립니다.

그동안 여러 성도님들의 많은 격려에 깊은 감사를 드리며 늘 평안과 기쁨이 충만하시기를 예수님 이름으로 기도드립니다. 아멘

2013년 7월

이 책이 성도님들께 한 줄기 빛이 되길 기원하면서

목차

잠깐 !

나의 신앙을 스스로 진단해 봅시다

1) 나는 정말 구원의 확신이 있는가?

내가 지금 죽으면 천국에 갈 확신이 있는가?

구원받았다는 것을 어떻게 설명할 수 있는가?

2) 하나님을 믿는 이유는 무엇인가?

구원받기 위해 믿는다면 내가 믿기만 하면 구원받을 수 있는가?

3) 구원받은 성도가 잘못 믿거나 죄를 지으면 지옥에 가는가?

4) 행함이 없는 믿음은 죽은 믿음이므로 결코 구원받을 수 없는가?

* 이 책을 끝까지 읽으시면 모든 의문이 풀립니다.

(다음 페이지에 설명하였으니 참고하시기 바랍니다.)

나의 신앙 진단에 대한 설명

1) 구원의 조건

첫째 : 창세전 하나님의 선택

둘째 : 예수 그리스도의 구속사역

셋째 : 하나님께서 성령님을 통해 역사하심(인치심)으로 구원의 확신을 갖게 됩니다. 그러므로 구원은 철저한 은혜이므로 내가 믿는 것이 아니고 믿어지는 것입니다.

* 믿음은 구원의 방편이며 통로입니다.

2) 구원받기 위해 믿는다(X) ……… 보상개념, 내가 중심

구원받은 것을 믿는다(O) ……… 은혜, 하나님 중심

내가 믿어서 구원받는 것이 아니라 창세전 이미 나를 하나님의 자녀로 택해주셨고 예수 그리스도의 대속으로 인하여 이미 구원받은 것입니다. 그러므로 구원받기 위해 예수님을 믿는 것이 아니고, 구원받은 것을 믿는 것입니다.

3) 성도가 한 번 구원받으면 어떤 경우에도 결코 중도에서 잃어버리거나 빼앗기거나 무효화될 수 없습니다.

의인은 하나도 없으며 인간은 모두 죄인입니다. 오직 예수 그리스도의 대속으로 의인(칭의)된 것입니다.

4) 구원은 하나님의 은혜로써, 행함은 구원의 은혜에 감사함으로 반응하는 것으로써 바른 믿음은 당연히 행위가 수반됩니다.

● 잘못된 인식

- 율법(구약) : 행함으로 구원
- 복음(신약) : 은혜로 구원

행함과 믿음과 구원의 관계에 있어서 행함이 없으면 그 자체가 바른 믿음이 될 수 없으며, 우리가 잘못 행함만을 강조할 때 자의적 숭배 신앙이 될 수 있습니다. 천국을 행위로 간다면 자기 이름을 내세우는 것이 됨으로 불복종적 신앙이 됩니다. 오직 행위는 영생(구원)에 대한 감사함으로 자발적 발로로 나타나야 합니다.

- 행위 : 가치관의 변화, 자기부인, 말씀에 순종, 하나님 중심생활
- 전통적 접근 방법(X) : 믿음으로 구원받음, 행함으로 상급기대
  (은혜와 행함의 분리)
- 성경신학적 패러다임(O) : 행함이 수반된 믿음으로 구원받음
  (행함은 당위와 필연)

5) 구원의 본질(구원의 사중적 의미 '특혜') - 죄, 사망, 심판, 불못

① 죄로부터 해방(롬 8:1, 6:22, 3:23~24)

② 사망의 권세로부터 해방(갈 2:20, 요5:24, 롬8:1~2)

③ 종말론적 심판으로부터 제외(요5:24, 계20:11~15)

④ 영원한 불못의 형벌로부터 제외(계20:13~15, 21:1~4, 엡3:6, 마25:34)

6) 복과 상급의 본질

- 영생(구원)(히11:5~6, 시133:3, 계)

7) 사람의 제일되는 목적(소요리 문답)

- 하나님을 영화롭게 하고(시86:8~13, 고전10:31)
하나님을 영원토록 즐거워하는 것입니다(시16:5~11)

성경을 어떻게 보아야 하는가

우리가 신앙생활을 하면서 가장 중요한 것은 '성경의 내용이 무엇이며, 성경이 무엇을 말씀하는가?'입니다.

① 성경은 하나님의 자기계시서로써 ② 계시의 내용은 구속사이며
③ 구속을 푸는 열쇠가 언약입니다. ④ 언약을 회복, 유지, 발전, 성취하는 도구가 율법입니다.

① 성경은 하나님의 자기계시로써, 하나님께서 창세전에 그 마음에 품으신 계획과 작정을 성경을 통해 세상역사 가운데 펼쳐 보이신 특별한 책입니다.(특별계시서)

☛ 여기서 계시란 하나님께서 가지고 계신 궁극적인 계획과 목적으로써, 하나님의 영광 구현과 하나님 나라 성취를 말합니다.
(계시의 중심은 예수 그리스도입니다.)

② 구속사란 하나님께서 택하신 백성을 구원하시는 하나님의 활동역사로써 하나님의 구원역사를 말합니다.

③ 언약이란 하나님 나라를 성취하는 수단으로 '선 언약 – 후 성취'의 방식으로 진행됩니다.

☛ 언약의 본질은 "나는 너희 하나님이 되고, 너희는 내 백성이 되리라"는 하나님 나라의 사상입니다.

☛ 언약의 궁극적 목표는 하나님 나라 성취입니다.

④ 율법이란 하나님께서 인간에게 내리신 규범(교훈)을 말합니다.

☛ 율법 : 하나님의 율례와 법도

☛ 율례 : 하나님의 법도와 뜻

▣ 성경공부 하는 방법

· **첫째** : 성경을 몇 번이고 체계적이고 반복적으로 보아야 하며 종합적에서 분석적으로, 또 분석적에서 종합적으로 숲과 나무를 번갈아 보듯이 성경의 내용이 무엇인지 파악해야 합니다.

· **둘째** : 성경의 맥이 구속사와 하나님 나라로써, 언약을 구속사 진행의 도구(수단)으로 사용하셨기 때문에 언약적 구속사(성경신학)관점으로 보아야 성경이 무엇을 말씀하시는지, 또 하나님의 본의가 무엇인지 깨닫게 됩니다.

바른 신앙생활을 위해 도움이 되는 글들

1. 성경과 말씀과 하나님

1) 성경과 하나님

성경은 하나님의 말씀을 기록한 책입니다.

- 하나님의 말씀을 기록한 성경은 하나님의 특별계시입니다.
- 성경은 하나님의 자기계시서로써 하나님께서 창세전에 그 마음에 품으신 계획과 작정을 성경을 통해 세상역사 가운데 펼쳐 보이신 특별한 책입니다.(특별계시서) (롬16:25~26)

2) 말씀과 하나님

(창1:1) 태초에 하나님이 천지를 창조하시니라.

- 천지를 창조하신 분이 하나님이십니다.

(창1:3) 하나님이 이르시되 빛이 있으라 하시니 빛이 있었고…….

- 하나님은 말씀으로 천지를 창조하셨습니다.

(요1:1) 태초에 말씀이 계시니라 이 말씀이 하나님과 함께 계셨으니 이 말씀은 곧 하나님이시니라.

성경 = 말씀 = 하나님

3) 하나님이 어떤 분이신가를 알려면,

- 하나님의 말씀인 성경을 공부해야 합니다.
- 성경을 모르면 하나님을 모릅니다.
- 하나님을 모르면 하나님을 사랑할 수 없으며, 바른 신앙생활을 할 수 없습니다.

4) 사람의 제일 되는 목적이 무엇입니까?

- '하나님을 영화롭게 하고, 하나님을 영원토록 즐거워하는 것'입니다.
- 하나님을 모르면 사람의 제일 되는 목적을 행할 수 없으며, 하나님께서 기뻐하시는 뜻대로 살 수 없습니다.

5) 그러므로 바른 신앙을 위해서 성경을 바로 알아야 합니다.

- 나의 영혼 구원과 바른 신앙생활을 위해 무엇보다 중요한 것은 하나님의 말씀인 성경을 공부하여 진리를 바르게 깨닫고 행하는 것입니다.

2. 신앙생활의 현실

1) 말씀이 부족한 결과 구원의 확신이 없습니다.

- 구원의 감사와 감격보다 불평과 불만이 더 많습니다.

2) 사랑과 용서보다도 시기, 질투, 미움이 더 큽니다.

- 예수님의 사랑, 용서, 섬김을 본받지 못하고, 정죄하며 판단하려 합니다.

3) 자발적 신앙생활보다 억지로 끌려가는 신앙생활을 합니다.

- 직분과 직책 때문에 힘들게 신앙생활을 하고 있습니다.

4) 죄책감으로 인하여 죄의 속박에서 벗어나지 못하고 있습니다.

- 죄에 대한 자유함과 구속의 은혜를 갖지 못하고 있습니다.

5) 교회생활에 만족감이 없고 실망과 상처가 더 많습니다.

- 물질주의, 성공주의, 신비주의, 기복주의로 가고 있습니다.

6) 성도들 간에 갈등, 오해, 분열이 생깁니다.

- 섬기기보다는 자기를 내세우고 나타내며 군림하려 합니다.

7) 늘 말씀이 갈급해 있으므로 마음에 평안이 없습니다.

- 신앙의 갈등으로 방황하다 사이비종교나 이단종파에 빠지기 쉽습니다.

8) 신앙생활은 오래되어도 영적 성장이 없습니다.

- 성도들의 지적욕구를 채워주지 못하며, 체계적인 양육도 못하고 있습니다.

9) 교회와 성도가 사회에 본이 되지 못하고 있습니다.

- 점점 더 빛을 잃어가고 소금의 맛을 잃어가고 있습니다.

10) 교회가 지상에서 하나님 나라의 임재역할을 수행하지 못하고 있습니다.

- 계시의존적 상고신앙과 섭리의존적 순종신앙 생활을 못하고 있습니다.

3. 성경을 잘 모르는 이유

1) 성경을 읽지 않기 때문입니다.

- 성경을 의무적이고 맹목으로 읽게 되면 내용을 모릅니다.

2) 성경이 두껍고 내용도 중복되고 진부하게 느껴 읽다가 중단하거나 포기하게 됩니다.

- 대체로 신년이 되면 결심하여 시작하여도 얼마 못가 포기하고 맙니다.

3) 성경은 읽기도 어렵고, 읽어도 이해가 되지 않습니다.

- 성경 읽는 것이 재미가 없고 힘이 듭니다.

4) 성경을 읽는데 장기간 소요되므로 내용이 잘 연결되지 않습니다.

- 성경읽기카드로 1년에 1독 정도만 하는 경우 전체 내용파악이 불가능합니다.

5) 교회가 성경내용 전체를 체계적으로 가르치지 않거나 가르쳐도 장기간 소요됩니다.

- 교회교육이 전문화, 집중화, 표준화되어 있지 않습니다.

6) 성경의 주요사건과 은혜의 말씀은 많이 들어서 알아도 그 맥(뜻)은 모릅니다.

- 교육이 프로그램화, 이벤트 중심, 요절암기, 행사 등 흥미위주로 흐르고 있습니다.

7) 성경공부 하는 것을 싫어하거나, 동기부여도 없고, 공부할 시간도 없습니다.

- 성경을 배우려는 열정이 부족하여 가르칠 수도 없습니다.

8) 일반성도가 성경내용을 체계적으로 배울 곳이 없습니다.

- 있어도 많은 시간과 비용을 투자해야 하므로 포기하게 됩니다.

9) 성경이 무엇을 말씀하는지, 하나님의 본의가 무엇인지 잘 모릅니다.

- 일반 성도가 성경신학에 대하여 공부하고 싶어도 공부할 수도 없습니다.

10) 세월이 흐르고 나이가 들면서 직책과 직분은 오르지만 성경말씀과는 멀어져 갑니다.

- 기억력도, 열정도, 기력도 점점 사라져갑니다.

4. 성경을 공부하는 방법

1) 성경을 처음부터 끝까지 읽어야 하나님의 뜻을 알 수 있습니다.

- 시대적 배경을 파악하면서 역사적 관점에서 순서대로 끝까지 읽어야 합니다.

2) 성경은 짧은 기간에 집중적으로 읽어야 내용을 파악할 수 있습니다.

- 성경을 5~10일 정도의 주기로 자주 많이 볼수록 더 많은 이해가 됩니다.

3) 성경을 읽는데 전체내용이 파악될 때까지 계속적으로 반복해서 읽어야 합니다.

- 단기간에 최소한 5~10독 이상은 해야 합니다.

4) 성경을 읽고 이해하는 단계

- 단어-절-문단-장-권-신·구약-전서를 읽습니다.
최종적으로는 하나님의 마음을 읽어야 합니다.

5) 성경의 기본적 접근방법

- 종합적 접근(총론)-분석적 접근(각론)-다시 종합적 접근-다시 분석적 접근(반복함)

6) 성경은 주제별, 종류별로 편집되어 있으므로 역사적 관점에서

시대순으로 재구성하여 보아야 합니다.

- 열왕기하와 선지서 관계, 에스라와 선지서 관계, 사무엘상·하, 열왕기상·하, 역대상·하의 관계, 사도행전과 서신서 관계 등

7) 성경을 읽는데 안내자의 도움을 받으면 보다 쉽게 이해가 됩니다.

- 한 마디의 도움이 큰 깨달음이 됩니다.

8) 성경말씀을 기억하거나 암기하기보다 이해하도록 노력해야 합니다.

- 성경말씀 전체의 흐름과 맥을 알고 하나님의 뜻을 이해해야 합니다.

9) 성경을 통독할 때 귀로 듣고-눈으로 보고-머리로 이해하며-마음으로 감동해야 합니다.

- 성경통독테이프를 이용하면 다소 수월합니다.

10) 성경의 맥이 구속사와 하나님 나라로써 언약적 구속사(성경신학)을 공부해야 합니다.

- 나의 영혼구원에 관한 것이므로 열정을 가지고 열심히 공부해야 합니다.

5. 성경을 공부한 결과

1) 성경읽기가 재미있어 지고, 시간가는 줄 모릅니다.

- 성경을 읽을수록 점점 재미가 더해갑니다.

2) 성경을 보는 안목이 열리고, 간단하고 짧게 느껴집니다.

- 성경내용이 이해단계에서 보이는 단계가 됩니다.

3) 성경을 사랑하게 되고, 말씀이 꿀같이 느껴집니다.

- 주님의 은혜와 사랑에 감격하므로 더 많이 알고 싶어집니다.

4) 하나님의 뜻을 알 수 있고, 하나님의 마음을 읽을 수 있습니다.

- 기쁜 마음으로 자발적 신앙생활을 하게 됩니다.

5) 하나님이 어떤 분이신지 - 사람은 어떤 존재인지 - 내가 누구인지 - 사단의 정체는 무엇인지를 알게 됩니다.

- 나를 발견하게 됨으로 바른 신앙생활을 하게 됩니다.

6) 신앙의 모든 의혹과 의심이 사라짐으로 확신과 담대함이 생깁니다.

- 진리를 깨닫게 됨으로 담대한 믿음이 생깁니다.

7) 구원에 대한 한없는 은혜와 사랑에 감사와 감격과 기쁨이 됩니다.

- 구속에 대한 은혜의 단계 ⇒ 감사의 단계 ⇒ 감격과 기쁨의 단계

8) 주님 안에서 삶의 평안을 얻게 됨으로 신앙생활이 즐거워집니다.

- 늘 주님 안에 거하게 되므로 땅에서 천국생활을 하게 됩니다.

9) 세상유혹과 시험을 이길 수 있는 믿음과 용기가 생깁니다.

- 전지전능하신 주님과 동행하므로 능력의 삶, 승리의 삶을 살게 됩니다.

10) 시간이 지날수록 신앙이 자연히 성장하게 됩니다.

- 숲을 보고 - 나무를 보고 - 또 숲을 보고 - 또 나무를 봄으로 더욱 깊이 깨달아 갑니다.

11) 성경공부를 통해 진리를 깨닫게 되므로 삶의 주인이 바뀌게 됩니다.

- 자기 중심에서 하나님 중심의 신앙생활을 하게 됩니다.

제1단원
성경내용 공부

1-1 성경 전체 규모
1-2 성경내용 분류
1-3 구약 · 신약 총론
1-4 주제별 · 내용별 분류
1-5 역사적 흐름의 관점으로 본 구분
1-6 시대적 구분
1-7 시대별 주요내용
1-8 예수님의 주요행적(사복음서)
1-9 사도행전과 서신서 관계
1-10 사무엘서/열왕기서/역대기서 관계
1-11 출애굽 경로
1-12 북이스라엘의 왕
1-13 남유다의 왕
1-14 바울의 전도여행
1-15 예수 그리스도의 족보
1-16 성경의 역사적 관점에서 본 순서
1-17 성경말씀의 틀

성경내용 공부에 대하여

1) 성경말씀을 모르면 구원의 확신이 없으며 억지로 끌려가는 어렵고 힘든 신앙생활을 하게 되므로 감사와 기쁨도 없이 불평과 불만이 쌓이게 됩니다.

2) 성경을 맹목적으로 읽거나, 오랜 기간 조금씩 읽어가거나, 좋아하는 구절만 찾아 읽게 되면 내용도 모르게 되고 내용 연결이 되지 않습니다.

3) 목사님의 설교(일반적으로 주제설교임)을 통하여 성경의 여러 가지 사건과 중요한 말씀은 많이 들어서 내용을 알고 은혜를 받아도 그 맥은 모릅니다.

4) 성경을 공부하는데 가능한 짧은 기간(5~10일)에 처음(창세기)부터 끝(요한계시록)까지 순차적으로 집중해서 읽어야 내용이 연결되고 이해가 됩니다.

- 성경통독 테이프(또는 CD)를 이용하시면 다소 수월합니다.

5) 반복해서 읽을수록 성경의 맥을 알 수 있고 짧게 느껴지며 성경 읽기가 재미있고 즐겁게 느껴집니다. 자연히 하나님의 뜻을 이해할 수 있으며 하나님의 마음을 읽을 수 있습니다.

- 반복이 최선의 방법이므로 최소한 5~10독 이상 하십시오.

나중에는 속독이 되며 자연히 수 십, 수 백독도 하게 됩니다.
- 중요한 내용은 요점을 정리해가면서 공부하십시오.

6) 성경을 많이 알수록 하나님의 은혜와 사랑을 가슴으로 느낄 수 있으며, 하나님과 예수님, 그리고 성령님이 어떤 분인지, 내가 어떤 존재인지, 사탄과 마귀의 정체가 무엇인지를 알 수 있으며, 주님의 은혜와 사랑을 깊이 깨닫게 되고, 구원에 대한 확신으로 감사와 기쁨과 감격이 되므로 신앙이 성장하게 되며 신앙생활이 즐거워집니다.

7) 성경의 역사를 볼 때 구약에서 율법을 이스라엘 민족에게 낭독(가르침)한 곳이 네 군데 있으며

(1) 모세(신 31:9~13) BC1447~1407

(2) 여호수아(수 8:34~35) BC1407~1400

(3) 요시야(왕하 23:1~2) BC640~608

(4) 에스라(느 8:1~18) BC457~424

* 특히 여호수아부터 요시야까지 약 760년 동안 율법 낭독이 없었으므로 점점 더 타락함을 알 수 있습니다.

참고 : 내용 중에서 시대별 구분과 예수님의 행적은 페이지 순서대로 옆으로 이어져 있는 것으로 보셔야 이해가 됩니다.

1-1 성경 전체 규모

구 분	전 체	구 약	신 약
기록된 언어	-	히브리어	헬라어 (그리스어)
책 수	66권	39권	27권
장 수	1,189장	929장	260장
절 수	31,173절	23,214절	7,959절
쓴 사람 수	약 34명	약 26명	약 8명
쓴 기 간	약 1,600년	약 1,500년	약 100년

1-2 성경내용 분류

1) 구약(39권) - 옛 언약, 옛 약속

(1) 율법서(토라, 모세오경) : 5권

창(창세기), 출(출애굽기), 레(레위기), 민(민수기), 신(신명기)

(2) 역사서 : 12권

수(여호수아). 삿(사사기), 룻(룻기), 삼상(사무엘상), 삼하(사무엘하)
왕상(열왕기상), 왕하(열왕기하). 대상(역대상), 대하(역대하),
스(에스라), 느(느헤미아). 에(에스더)

(3) 시가서(문학서) : 5권

욥(욥기), 시(시편), 잠(잠언), 전(전도서), 아(아가)

(4) 선지서(예언서) : 17권

① 대선지서 : 5권

사(이사야). 렘(예레미야), 애(예레미야 애가), 겔(에스겔),
단(다니엘)

② 소선지서 : 12권

호(호세아), 욜(요엘), 암(아모스), 옵(오바댜), 욘(요나), 미(미가)
나(나훔), 합(하박국), 습(스바냐), 학(학개), 슥(스가랴), 말(말라기)

2) 신약(27권) - 새 언약, 새 약속

(1) 복음서 : 4권

마(마태복음), 막(마가복음), 눅(누가복음), 요(요한복음)

(2) 역사서 : 1권

사(사도행전)

(3) 서신서 : 21권

(바울서신 : 13권)

① 교리서신 : 4권 - 롬(로마서), 고전(고린도전서)
고후(고린도후서), 갈(갈라디아서)

② 옥중서신 : 4권 - 엡(에배소서), 빌(빌립보서), 골(골로새서)
몬(빌레몬서)

③ 목회서신 : 3권 - 딤전(디모데전서), 딤후(디모데후서), 딛(디도서)

④ 일반서신 : 2권 - 살전(데살로니가전서), 살후(데살로니가후서)

(사도서신 : 8권) (공동서신)

히(히브리서), 약(야고보서), 벧전(베드로전서), 벧후(베드로후서),
요일(요한일서), 요이(요한이서), 요삼(요한삼서), 유(유다서)

(4) 계시록(예언서) : 1권

계(요한계시록)

1-3 구약 · 신약 총론

1) 구약총론

구약(옛 언약, 옛 약속) :

구약은 하나님께 영광을 돌리고 인류를 구원하는데 쓰임 받도록 하나님에 의해 선택받은 이스라엘 민족의 역사

(1) 율법서(5권) : 창, 출, 레, 민, 신

천지창조에서 이스라엘의 구원과 구원받은 백성이 지켜야할 율법을 훈련한 내용을 기록함

① 창세기 : 천지창조에서부터 애굽에 들어가게 된 경위와 율법(레위기)을 주신 분이 어떤 분인가를 기록함 - 창조

· 1장~11장 : 원 역사(창조, 타락, 홍수심판, 인구분산)

· 12장~50장 : 아브라함의 후손 역사(아브라함, 이삭, 야곱, 요셉)

② 출애굽기 : 이스라엘의 구원과 하나님과 계약 맺은 것과 레위기라는 율법을 받기까지 역사적 과정을 기록함 - 구속

③ 레 위 기 : 이스라엘이 구원받은 백성답게 살기 위해 지켜야할 하나님과 약속한 율법, 규례, 법도를 기록함 - 거룩

④ 민 수 기 : 이스라엘 백성이 레위기의 율법대로 살아가는 훈련을 받은 내용을 기록함(훈련 일지) - 순종

⑤ 신 명 기 : 민수기에 대한 평가(회고)와 율법을 다시 한 번 설명한 내용으로써 모세의 고별 설교임(모압 평지에서 설교함)
- 교육

(2) 역사서(12권) : 수, 삿, 룻, 삼상, 삼하, 왕상, 왕하, 대상, 대하, 스, 느, 에

하나님과의 계약, 즉 레위기에 기록된 하나님과의 계약을 얼마나 준행하면서 살았는지를 기록한 것으로써 순종했을 때는 번영을 누리고 불순종했을 때는 국난을 겪음.

(3) 시가서(5권) : 욥, 시, 잠, 전, 아

지혜문서라고도 하며 하나님의 은혜를 받고 성령의 감화 감동으로 시와 찬미와 신령을 노래 부르며 지혜를 얻고 축복을 받은 것을 기록함

(4) 선지서(예언서) - ① 대선지서 5권 : 사, 렘, 애, 겔, 단
- ② 대선지서 12권 : 호, 욜, 암, 옵, 욘, 미, 나, 합, 습, 학, 슥, 말

이스라엘이 하나님과의 계약, 즉 율법을 지키지 않음으로 이를 책망하기 위해 선지자(예언자)를 파송하여 이스라엘 백성들에게 하나님과의 계약(율법)을 지키라고 권면하면서 순종하면 복을 주실 것이나 불순종하면 징계, 저주, 징벌할 것을 경고한 내용을 기록함

2) 신약총론

신약(새 언약, 새 약속) :

새 언약이란 예레미야가 예언한 것으로 신약은 죄로 인하여 잃어버리게 된 인류를 구원하시려는 하나님의 활동역사를 기록한 것입니다. 새 언약은 이스라엘의 영적인 생명과 구속에 초점을 맞추고 있으며 스스로 구원할 수 없는 잃어버린 인간을 구원하시기 위해 메시아이신 예수 그리스도가 십자가에서 산 제물로 죽으심으로 새 언약의 시대가 되었음.

☛ 새 언약의 핵심사상 : 예수님께서 당신의 백성을 저희 죄에서 구원하시기 위해 자기 몸을 희생 제물로 드리는 대속적 사건을 가리킴.

(1) 복음서 4권 : 마, 막, 눅, 요

일종의 전기 형식으로 예수 그리스도의 행적과 사역하신 내용을 기록한 것으로써, 예수님의 인격(성육신 사건)과 사역(십자가 사건)을 나타냄.

☛ 복음서 기록 순서 : 막, 마, 눅, 요

☛ 공관복음 : 마, 막, 눅

(2) 역사서(1권) : 행

베드로와 바울의 선교일지로써, "주 예수를 믿으라. 그리하면 너와 네 집이 구원을 받으리라"는 칭의와 구원을 전하고 있음

(3) 서신서(21권)

① 바울서신(13권) : 롬, 고전, 고후, 갈, 엡, 빌, 골, 살전
살후, 딤전, 딤후, 딛, 몬

② 사도서신(공동서신)(8권) : 히, 약, 벧전, 벧후, 요일, 요이, 요삼, 유

서신서는 편지 형식을 취하고 있으므로 보낸 사람과 받는 사람의 정황을 바로 알아야 내용이 이해되며, 구원받은 성도가 예수님의 형상을 닮아가는(성화되어 가는) 구체적인 방법을 말씀하고 있음.

(4) 계시록(예언서)(1권) : 계

사도요한이 본 것과 그 당시 있었던 일, 장차 될 일을 기록해 놓은 것으로 다양한 묵시와 상징을 동원해 서사적 화법의 독특한 문학형식으로 기록되어 있으며, 새 언약이 마지막으로 영광스럽게 이루어지는 것을 보여줌.

1-4 주제별 · 내용별 분류

(1) 구약(39권)

		주 제 별		
내 용 별		역사(17권) 과거(민족적)	체험(5권) 현재(개인적)	예언(17권) 미래(민족적, 국가적, 나라)
	바벨론포로 이전	율법서(5권) <모세오경> 창, 출, 레, 민, 신 역사서(12권) 수, 삿, 룻, 삼상, 삼하, 왕상, 왕하, 대상, 대하	시가서 (5권) 욥, 시, 잠, 전, 아	선지서(17권) <예언서> (1) 대선지서 (5권) 사, 렘, 애, 겔, 단 (2)소선지서 (12권) 호, 욜, 암, 옵, 욘, 미, 나, 합, 습
	포로 기간 중			(겔, 단)
	포로 이후	스, 느, 에		학, 슥, 말

(2) 신약(27권)

	주 제 별		
내 용 별	역사(5권) 과거(민족적)	체험(21권) 현재(개인적)	예언(1권) 미래(민족적)
	복음서 (4권) <그리스도의 역사> 마, 막, 눅, 요 역사서(1권) <교회의 역사> 행	서신서(21권) (1)·바울서신(13권) 롬, 고전, 고후, 갈, 엡, 빌, 골, 살전, 살후, 딤전, 딤후, 딛, 몬 (2)사도서신 (8권) <공동서신> 히, 약, 벧전, 벧후, 요일, 요이, 요삼, 유	계시록(1권) (예언서) 계

1-5 역사적 흐름의 관점으로 본 구분

구약

창 - 욥

출

- 레

민

- 신

수

삿 - 룻

삼상

대상

삼하 - 시

왕상 - 잠 - 전 - 아

대하

왕하 -사-렘-애-호-욜-암-옵-욘-미-나-합-습

바벨론포로시대 - 겔 - 단

스 - 에 - 학 - 슥

느 - 말

신구약중간사

신약

마 - 막 - 눅 - 요

행 -롬-고전-고후-갈-엡-빌-골-살전-살후-딤전-딤후

-딛-몬-히 - 약 - 벧전 - 벧후 - 요일 - 요이 - 요삼 - 유

계

1-6 시대적 구분

(1) 창조시대

(2) 족장시대

(3) 출애굽시대

(4) 가나안정복시대

(5) 사사시대

(6) 통일왕국시대

(7) 분열왕국시대

(8) 바벨론포로시대

(9) 포로귀환시대

(10) 신구약중간시대

(11) 복음시대

(12) 초대교회시대

(13) 서신시대

(14) 예언서

1-7 시대별 주요내용

연대 (기간)	BC 2200 + α	(α)	BC 2200
시대	1. 창조시대		
성경 (기간)	창1 ~ 11장 (천지창조 ~ 바벨탑)		

주요내용 / 인물 및 사건

■ 원역사
(1) 창조
(2) 타락
(3) 홍수심판 - 노아, 무지개
(4) 인구분산 - 바벨탑

■ 최초의 살인 : 가인이 아벨을 죽임
(아벨 대신에 셋을 주심)

■ 노아홍수 : 약속의 무지개, 사계절

■ 바벨탑 사건 : 인구분산

■ 창조 - 타락 - 구속 : (창1 ~ 3장)

■ 하나님의 천지창조 순서
첫째날 : 빛 (낮, 밤)
둘째날 : 궁창 (하늘, 바다)
셋째날 : 땅, 바다 (채소, 과목, 풀)
넷째날 : 해, 달
다섯째날 : 물고기, 새
여섯째날 : 육축, 짐승, 사람
일곱째날 : 안식하심

연대 (기간)	(아브라함출생: 2166) 2200	애굽이주 1847	모세출생 1527	BC 1447
	▼	▼	▼	▼
시대	2. 족장시대			
성경 (기간)	창 12 ~ 50장 (아브라함 ~ 요셉)			

주요내용 / 인물 및 사건

▌ 아브라함의 후손역사 (4족장 역사)
(1) 아브라함
(2) 이삭
(3) 야곱
(4) 요셉

▌ BC1847년 : 70명(유대민족)이 애굽으로 이주

▌ 아브라함 - 처 : 사라, 후처 : 그두라
고향 : 갈대아 땅 우르지역
소명 : 75세 때 하란에서 소명 받고
175세 향유

▌ 야곱의 12아들
레아(6명) : 르우벤, 시므온, 레위, 유다
잇사갈, 스블론
실바(2명) : 갓, 아셀
라헬(2명) : 요셉, 베냐민
빌하(2명) : 단, 납달리

연대 (기간)	BC 1447	(40)	BC 1407

▼ ▼

3. 출애굽시대

출, 레, 민, 신
(출애굽 ~ 요단강 건너기 전)

- 10가지 재앙
- 430년 만에 애굽 탈출
- 계약 맺음(언약)
  성막지음, 십계명

- 인구조사(민수기)
  시내산 : 603,550명
  모압평지 : 601,730명

- 명절(출애굽기)
  유월절 = 무교절(1/15~22일)
  맥추절 = 칠칠절 = 오순절 = 초실절(3~4월경)
  초막절 = 수장절 = 장막절 = 추수감사절 (7/15~22일)

- 제사(레위기)
  번제, 소제, 화목제, 속죄제, 속건제

- 모세의 고별설교 : 신명기
- 모세 : 80세에 떨기나무에서 소명받고 120세 향유

연대 (기간)	BC 1407 ▼	(7)	BC 1400 ▼

시대 **4. 가나안정복시대**

성경 (기간) 수 (요단강 건넌 후 ~ 여호수아 죽기 전)

주요내용 / 인물 및 사건

- 여호수아, 갈렙
- 여리고 전투의 승리 - 기생 라합
- 아이성 전투의 패배 - 아간 범죄
- 땅의 분배 : 12개 지파
- 12지파

르우벤, 시므온, 갓, 유다,
잇사갈, 스블론, 에브라임, 므낫세,
베냐민, 단, 아셀, 납달리

- 요셉의 아들 : 므낫세, 에브라임(애굽에서 출생함)
- 야곱의 12아들 ≠ 12지파
- 므낫세 반지파

요단강 동편 : 가나안땅에 들어가기 전 모세로부터 분배 받음
요단강 서편 : 므낫세 반지파의 슬로브핫의 딸들에게 분배함 (딸만 5형제)

- 분열왕국 시대

남유다 : 유다지파, 베냐지민지파
북이스라엘 : 나머지 10지파

연대 (기간)	BC 1400	(350)	BC 1050

5. 사사시대

삿, 룻, 삼상 1~7장
(여호수아 죽은 후 ~ 사무엘)

- 신정제도 (제사장, 사사)
- 사사 : 12대(옷니엘 ~ 삼손) : 297년
  14대(엘리, 사무엘 포함) : 357년
- 사사: 12명
  옷니엘, 에훗, 삼갈, 드보라
  기드온, 돌라, 야일, 입다,
  입산, 엘론, 압돈, 삼손
  + 엘리(대제사장, 사사) : 40년
  + 사무엘(제사장, 사사, 왕, 선지자) : 20년

- 사사시대 : 여호수아가 죽고 나서 사무엘 시대까지 (약350년) – 구약의 암흑시대(범죄⇒심판⇒회개⇒구원;7번 배신, 7번 구원)

- 사사 = 재판관 = 지도자 = 쇼페팀
- 삼손과 들릴라(블레셋 여인)
- 나오미, 룻, 보아스
  다윗왕의 족보
  예수님의 족보에 오름
- 이스라엘 ⇨ 레위지파 ⇨ 아론자손 ⇨ 사사 ⇨ 나실인 ⇨ 왕 ⇨ 예언자 ⇨ 독생자(예수 그리스도)

연대 (기간)	BC 1050	(120)	BC 930

시대	6. 통일왕국시대
성경 (기간)	삼상, 삼하, 대상, 시, 잠, 전, 아 (사울왕 ~ 솔로몬왕)
주요내용/인물 및 사건	▮ 사울왕 즉위 BC1050(40년) 다윗왕 즉위 BC1010(40년) 솔로몬왕 즉위 BC970(40년) ▮ 신정제도 ⇨ 왕정제도로 전환(왕국설립) ▮ 사울 - 요나단, 미갈 ▮ 다윗 - 골리앗(블레셋) 밧세바(우리아의 아내) 나단 선지자, 압살롬 ▮ 솔로몬 - 성전건축, 일천 번제 청년시절 : 아가(사랑의 노래) 중년시절 : 잠언(지혜, 훈계, 명철) 노년시절 : 전도서(인생론, 헛되고 헛됨) ▮ 다윗과 밧세바 사이에서 솔로몬 탄생 ▮ 솔로몬 성전건축 : 7년 소요 ▮ 솔로몬 왕궁건축 : 13년 소요 (성전의 4배 크기)

연대 (기간)	BC 930	(200/350)	BC 586

7. 분열왕국시대

왕상, 왕하, 대하, 사, 렘, 애, 호, 욜
암, 옵, 욘, 미, 나, 합, 습
(왕국분열 ~ 바벨론 포로 전)

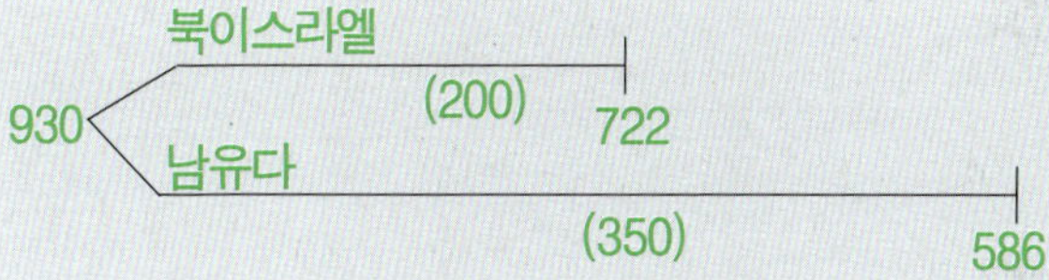

▮ 북이스라엘 <수도 : 사마리아>
느밧의 아들 여로보암 ~ 호세아(19대왕)
722년 앗수르에 의해 멸망
(살만에셀왕)
앗수르의 수도 : 니느웨
10지파(유다지파, 베냐민지파 제외)

▮ 남유다 <수도 : 예루살렘>
솔로몬의 아들 르호보암 ~ 시드기야(20대왕)
586년 바벨론의 의해 멸망
(느부갓네살왕)
바벨론의 수도 : 바벨론
2지파(유다지파, 베냐민지파)

▮ 에돔 : 에서의 후손
에돔의 수도 : 페트라 성

▮ '하나님께 돌아오라'
죄책망 ⇒ 권면 ⇒ 위로 ⇒ 소망

연대 (기간)	BC 586 ▼	(70<606-536>)	BC 444 ▼

시대

8. 바벨론포로시대

성경 (기간)

겔, 단
(바벨론 포로 후 ~ 포로 귀환 전)

주요내용/인물 및 사건

1차포로	2차포로	3차포로
606	597	586

- 바벨론 포로기간 : 70년
  (1차포로(606)~1차귀환(536))
- 느부갓네살왕의 꿈 : 단 2:31 ~ 46
- 사드락, 메삭, 아벳느고
- 3차에 걸친 포로
  1차 : BC606 느부갓네살왕, 여호야김, 다니엘 등 왕족, 귀족
  2차 : BC597 느부갓네살왕, 여호야긴, 에스겔 등 약 1만명
  3차 : BC586 느부사라단, 시드기야, 천한자 외 전부

연대 (기간)	BC 444	(20)	BC 424
	▼		▼

9. 포로귀환시대

(역사서) : 스, 느, 에 (선지서) : 학, 슥, 말
(포로 귀환 후 ~ 구약 끝)

1차귀환	2차귀환	3차귀환
536	457	444

3차에 걸친 귀환

1차 : BC536 스룹바벨, 49,897명, 성전재건

2차 : BC457 에스라, 1,754명, 율법교육

3차 : BC444 느헤미야, ?, 성벽중건

구약성경의 끝 : BC424

연대 (기간) BC 424 ▼ (400) BC 4 ▼

시대: 10. 신·구약중간시대

성경 (기간): 구약과 신약 사이 (구약 끝 ~ 예수님 사역 전)

주요내용/인물 및 사건

▮ 구약시대 (창조~애굽~앗수르~바벨론) 2400년
애굽 – 바로왕 (2000년)
⇩
앗수르(880~612) – 살만에셀왕 (300년)
⇩
바벨론(625~539) – 느브갓네살왕 (100년)
⇩
▮ 중간시대 (메대/바사~헬라~로마) 400년
⇩
메대/바사 (539~331)(200년)
메대 : 다리오왕, 아하수에로왕, 아닥사스다왕
바사 : 고레스왕(고레스칙령)
⇩
헬라(183~) : 알렉산더대왕 (100년)
⇩
로마(135~) : 헤롯대왕 (100년)

★ 지명이해(오늘날의 지명)
애굽⇨이집트 / 앗수르⇨시리아,앗시리아 / 바사(파사제국, 페르시아)⇨이란 / 헬라⇨그리스 / 모압, 암몬⇨요르단 / 갈대아⇨바벨론⇨이라크 / 남유다, 북이스라엘⇨팔레스틴 / 가사 ⇨ 가좌 / 메대족속⇨쿠르트족 / 서바나⇨스페인 / 수리아⇨아람

BC
4
▼

AD
30
▼

11. 복음시대

사복음서 (마, 막, 눅, 요)

(예수님의 행적과 사역)

- 마 : 유대인을 위한 메시아(왕)(과거)
- 막 : 종이 되신 메시아(종)(현재)
- 눅 : 인간의 모습(인자)(미래)
- 요 : 하나님이신 예수님(하나님의 아들)(영원)
- 예수님의 12제자 :
 시몬(베드로), 안드레(베드로 형제), 야고보(세베대의 아들), 요한(야고보 형제), 빌립, 바돌로매, 도마, 마태(세리), 야고보(알패오의 아들), 다대오, 시몬(가나안 인) 가롯유다(예수님을 판 자)

- BC5 : 세례요한 출생
- BC4 : 예수님 탄생
- AD27 : 예수님 공생애 시작
- AD30 : 예수님의 죽음, 부활, 승천
- AD64 : 로마 대화재
- AD67 : 바울 순교
- AD68 : 베드로 순교
- AD95 : 사도 요한 밧모섬 유배
- AD100 : 사도 요한의 죽음

- 마태 : 예수님의 사도(세리) – 경험한 예수님에 대해 기록
- 마가 : 베드로 제자(선교사) – 베드로에게 직접들어서 기록
- 누가 : 바울의 제자(의사) – 이방인으로서 사도들에게 듣고 연구해서 기록
- 요한 : 예수님의 사도(어부) – 경험한 예수님에 대해 기록

연대 (기간) AD 30 ~

▼ ▼

시대 **12. 초대교회시대**

성경 (기간) 행 (베드로와 바울의 선교)

주요내용/인물 및 사건

- 행 1장 ~ 10장 : 베드로 행적
  행 11장 ~28장 : 바울의 행적
- 교회의 이동
  예수살렘 ⇨ 안디옥 ⇨ 에베소 ⇨ 고린도 ⇨ 로마
- 교회의 형성 : 행:1장 ~ 12장

연대 (기간)	~	AD 95
	▼	▼

13. 서신시대

롬~유 (21권)
(바울과 사도들의 서신)

▌서신서(21권)

▌바울서신(13권)
① 교리서신: 4권(롬, 고전, 고후, 갈)
② 옥중서신 : 4권(엡, 빌, 골, 몬)
③ 목회서신 : 3권(딤전, 딤후, 딛)
④ 일반서신 : 2권(살전, 살후)

▌사도서신(8권) = 공동서신
히, 약, 벧전, 벧후, 요일, 요이, 요삼, 유

연대 (기간)	AD 95 ▼	AD 100 ▼

시대 | 14. 예언서

성경 (기간)	계 (요한이 받은 계시)
주요내용 / 인물 및 사건	1장 : 내가 본 것(일곱 금촛대) 2~3장 : 이제 있는 일(일곱 교회) 4~22장 : 장차 될 일 서론 : 1:1 ~ 8 본론 : 1:9 ~ 22:5 결론 : 22:6 ~ 21

4월: 유월절, 10월: 초막절, 12월 수장절

1-8 예수님의 주요행적 (사복음서)

예수님의 주요행적

시기	공생애시작 AD27(30세)	유월절1(4월) AD27(30세)
	1) 요셉 / 마리아가 나사렛(갈릴리)에 거주 2) 예수님 탄생 - 베들레헴 (예루살렘 근교) 3) 애굽으로 피신 - 유아 살해 (유대왕 헤롯) 4) 갈릴리 나사렛 귀향	1)나사렛(갈릴리)⇨예루살렘 (기간: ?) ►요한에게 세례 받으심 ►광야에서 시험 받으심 2)예루살렘⇨갈릴리(기간: ?) ►가나혼인잔치 기적 (첫 번째 기적)

1-8 예수님의 주요행적 (사복음서)

4월: 유월절, 10월: 초막절, 12월 수전절

유월절1(4월)
AD27(30세)
▼

1)갈릴리⇨예루살렘(4월~12월 8개월)
- ▸첫 번째 성전을 청결케 하심
- ▸니고데모와 예수님의 대화

2)예루살렘⇨갈릴리(12월~4월 4개월)
- ▸사마리아 여인과 대화
- ▸수가성 전도
- ▸베드로 장모 치유
- ▸문둥병자 치유

유월절2(4월)
AD28(31세)
▼

1)갈릴리⇨예루살렘(기간:?)
- ▸안식일에 병자 치유
- ▸안식일에 이삭 자른 일로 논쟁
- ▸안식일에 손 마른 사람 일로 논쟁

2)예루살렘⇨갈릴리(기간:?)
- ▸열두제자 선발(확정)
- ▸산상수훈
- ▸비유로 말씀
- \- 씨 뿌리는 자, 누룩, 가라지, 감추인 보화, 겨자씨

유월절3(4월)
AD29(32세)
▼

4월: 유월절, 10월: 초막절, 12월 수전절

유월절3(4월)
AD29(32세)
▼

유월절4(4월)
AD30(33세)
▼

부활/승천
▼

1)갈릴리에서 계속 사역
(4월~10월 6개월)
- ▸오병이어(갈릴리 벳세다)
- ▸베드로의 그리스도 신앙고백
- ▸성전세 지불

2)갈릴리⇨예루살램
(10월~12월 3개월)
- ▸간음한 여인 용서
- ▸마리아, 마르다 방문

3)예루살렘⇨베뢰아지역(요단동편)
이방지역
(12월~4월 3개월)
- ▸죽은 나사로 살리심
- ▸열 문둥병자 고치심
- ▸삭개오의 구원

1)베뢰아 지역⇨예루살렘(4월~)
- ▸나귀타고 입성(종려주일)
- ▸무화과나무 저주
- ▸두 번째 성전을 정결케 하심
- ▸최후의 만찬
- ▸제자들의 발을 씻기심
- ▸십자가에 죽으심
- ▸그리스도의 부활
- ▸승천하심

1-9 사도행전과 서신서 관계

1 바울의 전도여행과 서신서

(행 13:1~14:28) 1차 전도여행	(행 15:36~18:22) 2차 전도여행	(행 18:23~21:16) 3차 전도여행(53~57) (행 21:17~끝) 예루살렘에서 체포, 로마행(58~62)	4차 전도여행
AD47 ▼	50 ▼	53 ▼	57(62) ▼ 6 ▼
갈 (약)	살전, 살후	고전, 고후, 롬 옥중서신(엡,빌,골,몬)	딤전, 딤후. 딛
<아시아전도>	<유럽전도>	<유럽전도> (가이사랴 빌립보감옥에서 2년간 감금) (로마감옥에서 2년간 감금)	<로마여행, 순교>

2 공동서신(사도서신)과 서신서

~		베드로 순교 68 ▼		밧모섬 유배 95 ▼	~
	바울 순교 67 ▼			사도요한 순교 100 ▼	
	벧전, 벧후	요일, 요이, 요삼, 유, 히		계	

교회이동 : 예루살렘⇨안디옥⇨에베소⇨고린도⇨로마
바울이 4번 옥에 갇힘 : ①빌립모 감옥 ②가이사랴(2년)
③로마감옥(2년) ④다시 로마 감옥, 순교

1-10 사무엘서/열왕기서/역대기서 관계

삼상	삼하	왕상	왕하
(왕국의 성립)	(다윗의 통치)	(솔로몬의 통치 +왕국분열)	(분열왕국의 역사)

대상	대하
(다윗의 통치)	(솔로몬의 통치 +남유다의 역사)

왕하 : 1장 ~ 17장 : 북이스라엘의 역사
18장 ~ 25장 : 남유다의 역사

대하 : 1장 ~ 9장 : 솔로몬의 통치
10장 ~ 36장 : 남유다의 역사

대상/대하 : 남유다 역사만의 기록임
(잘못한 북이스라엘 역사는 삭제함)

1-11 출애굽 경로

(낮에는 구름기둥, 밤에는 불기둥으로 인도) ▼ (홍해건넘) ▼ (에담광야) ▼

라암셋 ⇨ 숙곳 ⇨ 에담 ⇨ 비하히롯 ⇨ 수르광야 ⇨

(쓴물⇨단물) ▼ (십계명) ▼

⇨ 마라 ⇨ 엘림 ⇨ 신광야(믹돌) ⇨르비딤 ⇨ 시내산 (시내광야)

(메추라기) ▼ (12명 정탐꾼) ▼ 신(진)광야 ▼

⇨ 디베랴 ⇨ 하세롯 ⇨ 가데스바네아(바란광야) ⇨

모세의 고별설교(신명기) ▼

모압평지 ⇨ 요단강 ⇨ 여리고

【소요기간】

- 출애굽 후 시내산까지 2개월 걸림
- 시내산에서 11개월 5일 머뭄
- 시내산에서 가데스바네아 까지 약 18개월 걸림
- 가데스바네아에서 37년 6개월 머뭄

(총40년 소요)

▸ 광야 : 수르광야 – 에담광야 – 신광야 – 시내광야 – 바란광야 – 신(진)광야

1-12 북이스라엘의 왕 (북왕국 BC930~722)

대순	왕 이름	재임 년수	선악구분	선지자	비 고
1	여로보암	22	악		느밧의 아들
2	나답	2	악		
3	바아사	24	악		반역(아히야의 아들)
4	엘라	2	악		
5	시므리	7일	악		반역(엘라왕의 신복)
6	오므리	12	아주악		반역(시므리의 군대장관), 오므리 왕조(47년) 엘리야
7	아합	22	가장악		
8	아하시야	2	악		
9	여호람(요람)	11	조금악		
10	예후	28	조금악		반역(여호사밧의 아들) 예후왕조 (102년 6개월) 엘리사
11	여호아하스	17	악		
12	요아스	16	악		
13	여로보암2세	41	악	요나, 아모스	
14	스가랴	6개월	악	나훔	
15	살룸	1개월	악		반역(야베스의 아들)
16	므나헴	10	악	호세아	반역(가디의 아들)
17	브가히야	2	악		
18	베가	20	악		반역(르말랴의 아들)
19	호세아	9	악		반역(엘라의 아들)

※ 아합의 아내 : 이세벨(발람과 아세라 목상) ● BC722년 앗수르의 살만에셀왕에 의해 멸망함

1-13 남유다의 왕 (남왕국 BC930~586)

대순	왕 이름	재임 년수	선악구분	선지자	비 고
1	르호보암	17	악		솔로몬의 아들
2	아비얌(아비야)	3	대개선		
3	아사	41	선		
4	여호사밧	25	선	오바댜 ?	
5	여호람(요람)	8	악		
6	아하시야	1	악		
7	아달랴여왕	7	악		아하시야의 어머니
8	요아스	40	대개선	요엘	아하시야의 아들
9	아마샤	29	대개선		
10	웃시야(아사랴)	52	선	이사야	
11	요담	16	선	이사야, 미가	
12	아하스	16	아주악	이사야, 미가	
13	히스기야	29	가장선	이사야, 미가	
14	므낫세	55	가장악	이사야	
15	아몬	2	가장악		
16	요시야	31	가장선	예레미야, 하박국, 스바냐	
17	여호아하스	3개월	악	예레미야, 하박국	
18	여호야김	11	가장악	다니엘, 예레미야, 하박국	요시야의 아들 엘리아김을 여호야김으로 개명
19	여호야긴(여고냐)	3개월	악	에스겔, 예레미야	여호야김의 아들
20	시드기야	11	악	예레미야	바벨론왕이 요시야의 셋째아들 맛다디아를 왕으로 세워 시드기야로 개명

※ 아달랴여왕 : 아합/이세벨의 딸, 여호람의 아내 ● BC586년 바벨론의 느부갓네살왕에 의해 멸망함

1-14 바울의 전도여행

1 바울의 1차 전도여행(AD47~50)

행 13:1 ~ 14:28(갈, 약)(아시아 전도)(바나바와 마가를 데리고 감)

안디옥 ~ 실루기아 ~ (배를 타고) ~ 구브로섬(살라미) ~ 구브로섬(바보) ~(배를 타고) ~ 밤빌리아(버가) ~ 비시디아 안디옥 ~ 이고니온 ~ 루스드라 ~ 더배 (U턴) ~ 루스드라 ~ 이고니온 ~ 비시디아안디옥 ~ 버가 ~ 앗달리아 ~ 실루기아 ~ (배를 타고) ~ 안디옥

2 바울의 2차 전도여행(AD50~53)

행 15:36 ~ 18:22 (살전, 살후)(유럽 선교)
(실라를 데리고 감 / 바나바는 마가를 데리고 구브로로 감)

안디옥 ~ 다소 ~ 더배 ~ 루스드라(디모데를 만남) ~ 이고니온 ~ 비시디아안디옥 ~ 드로아(누가를 만나 동행) ~ (배를타고) ~ 네압볼리=네오폴리스 ~ 빌립보(자주장사 루디아를 만남, 옥에갇혀 간수에게 복음 전함) ~ 암비볼리아 ~ 아볼로니아 ~ 데살로니가 ~ 베뢰아 (유대인의 시기로 피신함) ~ (배를 타고) ~ 아덴=아테네(다시 피신함) ~ 고린도(아굴라부부와 장막업)(살전,살후, 갈 기록) ~ 겐그리아 ~ (배를 타고) ~ 에베소 ~ (배를 타고) ~ 로도 ~ (배를타고) ~ 가이사랴 ~ 예루살렘 ~ 안디옥

※ 루디아 : 빌립보 교회 설립, 고린도에서 살전, 살후, 갈 기록(사역의 중심지)

3 바울의 3차 전도여행(AD53~57) /예루살렘에서 체포, 로마행(AD58~62)

행 18:23 ~ 21:16 (고전, 고후, 롬 기록) / 행21:17~끝(옥중서신기록)
(유럽선교, 가이사랴 빌립보 감옥, 로마감옥에서 각각 2년간 감금)

안디옥 ~ 다소 ~ 더배~ 루스드라 ~ 이고니온 ~ 비시디아 안디옥 ~ 갈라디아 ~ 부루기아 ~ 에베소 사역의중심지(고전기록) ~ 드로아 ~ (배를 타고) ~ 빌립보(고후 기록) ~ 데살로니가 ~ 베뢰아 ~ 아덴 ~ 고린도(3개월머뭄, 롬 기록) ~ 일루리곤 ~ 고린도 ~ 베뢰아 ~ 데살로니가 ~ 빌립보 ~ (배를 타고) ~ 드로아(3층에서 땅에 떨어져 죽은 유두고를 살림) ~ 앗소 ~ 미둘레네 ~ 밀레도 ~ 고스섬 ~ 로도 ~ 바다라 ~ (배를 타고) ~ 두로 ~ 돌레마이 ~ 가이사랴 ~ 예루살렘(체포) ~ / 가이사랴 (2년간 감금) ~ 시돈 ~ (배를 타고) ~ 무라 ~ 그니도 ~ 살모네 ~ 라세아 ~ 미항 ~ (유라굴로 광풍) ~ 뵈닉스 ~ 멜리데섬 ~ 수라구사 ~ 레기온 ~ 보디올 ~ 압비오 저자(광장) ~ 삼관 ~ 로마(로마에서 2년간 감금, 옥중서신 기록)

4 바울의 4차 전도여행(AD62~67)

(딤전, 딤후, 딛)(로마여행, 순교)

로마 ~ 그레데(디도사역) ~ 에베소(디모데사역) ~ 골로새 ~ 히에라볼리 ~ 에베소 ~ 드로아 ~ 빌립보(딤전기록) ~ 데살로니가 ~ 베뢰아 ~ 아덴(아테네)(딛기록) ~ 고린도 ~ 겐그리아 ~ 니고볼리 ~ 로마(딤후기록)(AD67년경 로마 네로황제에 의해 마메틴 감옥에서 순교<참수형>)

1-15 예수 그리스도의 족보

아담 - 셋 - 에노스 - 게난 - 마할랄렐 - 야렛 - 에녹 - 므두셀라 - 라멕 - 노아(10대) - 셈 - 아르박삿 - 셀라 - 에벨 - 벨렉 - 르우 - 스룩 - 나홀 - 데라 - 아브라함(20대) - 이삭 - 야곱 - 유다(다말) - 베레스 - 헤스론 - 람 - 아미나답 - 나손 - 살몬(라합) - 보아스(룻) - 오벳 - 이새 - 다윗(33대, 밧세바) - 솔로몬 - 르호보암 - 아비야 - 아사 - 여호사밧 - 요람 - 웃시야 - 요담 - 아하스 - 히스기야 - 므낫세 - 아몬 - 요시야 - 여고냐 - 스알디엘 - 스룹바벨 - 아비훗 - 엘리아김 - 아소르 - 사독 - 아킴 - 엘리훗 - 엘르아살 - 맛단 - 야곱 - 요셉(마리아) - 예수 그리스도(60대)

1-16 성경의 역사적 관점에서 본 순서

1. 창세기
2. 출애굽기
3, 레위기
4. 민수기
5. 신명기
6. 여호수아
7. 사사기
8. 룻기
9. 사무엘상
10. 사무엘하
11. 열왕기상
12. 열왕기하 1~13
13. 요나
14. 열왕기하 14
15. 아모스
16. 호세아
17. 요엘
18. 열왕기하 15~16
19. 미가
20 이사야
21. 나훔
22. 오바댜
23. 열왕기하 17~23
24. 하박국
25. 스바냐
26. 예레미야
27. 열왕기하 24~25
28. 예레미야애가
29. 다니엘
30. 에스겔
31. 에스라 1~4
32. 학개
33. 스가랴
34. 에스라 5~6
35. 에스더
36. 역대상
37. 역대하
38. 에스라 7~10
39. 느헤미야
40. 욥기
41. 시편
42. 잠언
43. 전도서
44. 아가서
45. 말라기
46. 마태복음
47. 마가복음
48. 누가복음
49. 요한복음
50. 사도행전 1~18:11
51. 데살로니가전서
52. 데살로니가후서
53. 갈라디아서
54. 사도행전 18:12~19:20
55. 고린도전서
56. 고린도후서 10~13
57. 고린도후서 1~9
58. 사도행전 19:21~20:3
59. 로마서
60. 사도행전 20:4~끝
61. 에베소서
62. 골로세서
63. 빌레몬서
64. 빌립보서
65. 디모데전서
66. 디도서
67. 디모데후서
68. 히브리서
69. 야고보서
70. 베드로전서
71. 베드로후서
72. 요한1서
73. 요한2서
74. 요한3서
75. 유다서
76. 요한계시록

1-17 성경말씀의 틀 (신학적 이해의 단계)

<table>
<tr><td colspan="12">계</td></tr>
<tr><td colspan="6">행</td><td colspan="6">서신서(21권)</td></tr>
<tr><td colspan="3">마</td><td colspan="3">막</td><td colspan="3">눅</td><td colspan="3">요</td></tr>
<tr><td colspan="4">역사서(12권)</td><td colspan="4">시가서(5권)</td><td colspan="4">선지서(17권)</td></tr>
<tr><td colspan="3">출</td><td colspan="3">레</td><td colspan="3">민</td><td colspan="3">신</td></tr>
<tr><td colspan="12">창</td></tr>
<tr><td colspan="12">창 1장 ~ 3장(창조 - 타락 - 구속)</td></tr>
</table>

엡 1:4 ~ 14(구원협약)(성경역사의 기원, 창조언약의 기원)

(1) 성부 하나님의 구원계획 : 엡 1:4 ~ 6

(2) 성자 하나님의 구속사역 : 엡 1:7 ~ 12

(3) 성령 하나님의 적용사역 : 엡 1:13 ~14

제2단원
언약적 구속사 공부

2-1 성경계시의 총화

2-2 하나님 나라의 성취단계

2-3 언약적 구속사의 이해(예)

2-4 언약적 구속사의 구성체계

2-5 구속사적 언약의 발전단계

2-6 구속사적 언약의 발전과정

2-7 용어설명

2-8 예수 그리스도를 통한 구속사 진행

2-9 언약적 구속사를 이해하는데 도움이 되는 글들

2-10 신앙생활의 변화

언약적 구속사 공부에 대하여

1) '성경이 무엇을 말씀 하는가(What the Bible Say?)'를 알려면 성경의 맥인 언약적 구속사와 하나님 나라에 대해 공부해야 합니다.

2) 평신도 입장에서는 우선 신학적 용어가 생소하므로 용어에 대해 몇 번 이고 반복해서 읽고 이해하고 암기되도록 해야합니다.

3) 먼저 창세기 1~3장에 대해 구속사적 의미를 이해한 후 성경내용을 보면서 하나님께서 언약을 구속사의 도구로 하여 어떻게 하나님 나라(새하늘과 새 땅)를 이루어 가시는지 생각하면서 공부하면 이해하는데 많은 도움이 됩니다.

4) 언약에 관련된 성경 구절을 찾아 몇 번이고 읽고 이해하면서 공부하면 성경이 무엇을 말씀하시는지, 그리고 하나님의 섭리를 이해할 수 있게 되고, 하나님의 무한하신 은혜와 사랑을 가슴속 깊이 느끼게 됩니다.

5) 가능하면 언약적 구속사(성경신학)에 관한 참고서적을 구입하여 함께 보면서 공부하면 더욱 도움이 됩니다.

6) 바른 계시관 - 바른 신관 - 바른 구원관 - 바른 신앙관 - 바른 목회관 - 바른 교회관이 확립됩니다.

참고 : 내용 중 구속사적 언약의 발전과정은 페이지 순서대로 옆으로 이어져 있는 것으로 보셔야 이해가 됩니다.

2-1 성경계시의 총화 ⇨ 하나님 나라 사상에 집중됨

1) 다니엘서의 느부갓네살왕의 꿈 내용(큰 신상/뜨인돌)
(단 2:31 ~ 46)

2) 성경의 편집 방향이 처음 창조에서 종말론적 하나님 나라 완성임
(창 1:1 ⇨ 계 21:1 ~ 4)

3) 예수님의 공생애 사역이 하나님 나라에 집중됨
(마 4:17, 12:28, 11:12, 눅 17:20 ~ 21, 16:16)

4) "너희는 먼저 그의 나라와 그의 의를 구하라"
(마 6:33, 4:17)

5) 주기도문 내용
(마 6:9~10)

6) 주님의 몸 된 교회를 공동체적으로 이루게 됨(교회 공동체)
(고후 5:17, 엡 2:14~16, 골 1:13, 빌 3:30)

● 교회 : 하나님 나라의 지상적 임재방식

2-2 하나님 나라의 성취단계

구약

1) 처음 창조 및 타락 ⇨ 창1~11장

2) 하나님 나라 구성의 3요소 준비

(1) 씨(백성) 준비 ⇨ 창12~50장

(2) 뜻(주권) 준비 ⇨ 출, 레, 민, 신

(3) 땅(영토) 준비 ⇨ 수

3) 하나님 나라 백성답게 살기 ⇨ 삿, 삼상, 삼하, 왕상, 왕하

4) 하나님 나라의 쇠퇴, 포로, 부흥운동 ⇨ 쇠퇴 : 사, 렘, 애, 호, 욜, 암, 옵, 욘, 미, 나, 합, 습
포로 : 겔, 단
부흥 : 스, 느, 에, 학, 슥, 말, 대상, 대하

신약

5) 참 왕이신 예수님의 탄생(초림) ⇨ 사복음서 (마, 막, 눅, 요)

6) 하나님 나라인 교회의 출현 ⇨ 행, 서신서

- 불가시적 하나님 나라

7) 새 하늘과 새 땅(하나님 나라, 재<새>창조) (재림) ⇨ 계

- 가시적 하나님 나라

2-3 언약적 구속사의 이해(예)

1. BC1847년 요셉가족 70명이 왜 애굽으로 이주하게 되었는가?

1) 아브라함의 횃불언약(창15:13~17)을 하나님께서 성취하시기 위해
2) 아브라함언약(창12:1~3)을 통해 앞으로 하나님 나라를 이루시기 위해
3) 당시 애굽은 가장 강대국으로서 애굽 안에서의 생활은 외세의 침입 없이 가장 안전하게 큰 민족을 이룰 수 있음(요셉가족 70명이 BC1847년 애굽으로 이주한지 400년 후인 BC1447년 출애굽 당시 인구는 약200~300만 명으로 큰 민족을 이루게 됨)

2. 아브라함 언약(창12:1~3)은 어떻게 이해할 것인가?

1) 창조언약(창1:28)에서 생육하고 번성하여 땅에 충만하라(씨, 백성), 땅을 정복하라(땅, 영토), 모든 생물을 다스리라(뜻, 주권)의 하나님 나라의 구성요소를 이루시기 위해(언약적 구속사의 진행: 명시적, 구체적, 개인적으로 진행됨)
2) 아브라함언약의 내용
   (1) 큰 민족을 이루시겠다는 씨 언약(창 12:2) ⇨ 창12장~신명기
   (2) 땅을 기업으로 주시겠다는 땅 언약(창12:1) ⇨ 수
   (3) 아브라함을 통해 열왕이 나올 것이라는 왕 언약(창17:6) ⇨ 사무엘서, 열왕기서
   (4) 열국의 복의 근원이 되게 하시겠다는 언약(창12:3) ⇨ 계

3. 왜 이스라엘 민족이 BC606~536년(70년간) 바벨론 포로생활을 하게 되었는가?

1) (렘25:8~12)의 예레미야 선지자의 예언을 성취 시키시려고
2) 성경의 역사는 한마디로 타락과 불순종의 역사로써 "하나님께 돌아오라"는 재 교육과 회개를 촉구하기 위한 징계로 이해됨(저주가 아님)

4. 구약과 신약사이의 400년의 중간기는 어떻게 이해할 것인가?

1) 렘15:6에서 하나님께서 이스라엘 민족의 타락과 불순종에 대해 염증을 느끼셨고, 말라기서에서 하나님의 충고에 대해 꼬박꼬박 말대꾸하며 변명하므로 하나님께서 뜻을 돌리셨기 때문임
2) 또 다른 면으로 이스라엘 나라의 멸망으로 인하여 세계 곳곳에 흩어져 살게 된 유대인(디아스포라)을 통해 세계에 하나님의 복음을 전하게 되는 계기가 됨

5. 여자의 후손언약에 함의된 두 계열간의 적대적 투쟁사 (창3:15)

1) 아벨에 대한 가인의 살인사건 (창4:8)
2) 애굽왕 바로의 이스라엘 남아 살해 명령 (출1:15~22)
3) 아달랴가 유다왕족의 씨를 진멸함 (왕하11:1~3, 대하 22:10~12)
4) 하민에 의한 유다민족의 몰살음모 (에3:1~6)
5) 헤롯의 2살 미만 영아 학살 명령 (마2:13 ~18)
6) 사단의 시험을 받으신 예수님 (마4:1~11)
7) 예수님의 죽으심과 부활하심 (롬4:25)

2-4 언약적 구속사의 구성체계

성 경

성경: 하나님의 자기계시서(특별계시서)
성경의 총체적 주제: 하나님 나라(중심: 예수 그리스도)
성경의 역사: 구속사(하나님의 구원역사)
성경의 맥: 구속사와 하나님 나라

목적	중심	수단	도구
계 시	구 속	언 약	법 (율법, 십계명)
• 하나님께서 가지고 계신 궁극적인 계획과 목적 • **계시의 총 주제:** 하나님 나라 • **계시의 중심:** 구속(예수 그리스도) • **계시를 푸는 열쇠:** 언약	• 택하신 백성을 구원하시는 하나님의 활동역사 • **구속:** 계시의 중심 (예수 그리스도) • **구속의 내용:** 하나님의 구원 활동 • **구속을 푸는 열쇠:** 언약	• 하나님 나라를 성취하는 수단(선 언약-후 성취) • **언약 :** 계시, 구속을 푸는 열쇠 • **언약의 궁극적 목표:** 하나님 나라 성취 • **언약의 본질:** "나는 너의 하나님이 되고 너는 내 백성이 되리라"(하나님 나라 사상)	• 언약을 회복, 유지, 발전, 성취하는 수단(도구)

성경공부 : 언약적 구속사 관점으로 본 연구(언약을 구속사 진행의 도구로 사용)
하나님 나라 형성(3요소) : 씨(백성), 땅(영토), 뜻(하나님의 주권, 통치)

2-5 구속사적 언약의 발전단계

경륜	언약	의미
제1경륜 (소극적/수동적)	(1) 창조원리 (2) 창조언약 (3) 선악과 언약 (4) 여자의 후손언약 (5) 노아언약 - 노아의 보존언약	하나님 나라 계시
제2경륜 (능동적/적극적)	(6) 아브라함언약 - 아브라함의 횃불언약 - 이삭언약 - 야곱언약 - 야곱의 벧엘언약 갱신 (7) 시내산언약 - 모세언약 - 모압언약 - 세겜언약 (8) 다윗언약	하나님 나라의 예비적 성취
	(9) 새 언약(선지자들의 예언)	하나님 나라의 실체 제시
제3경륜 (혁명적/폭발적)	(10) 예수 그리스도의 성육신 (11) 예수 그리스도의 새 언약 (죽음/부활)	하나님 나라 성취 (통치적 개념)
	(12) 교회 설립	현재적 하나님 나라 존재방식
제4경륜 (하나님 나라 완성)	(13) 새 하늘, 새 땅 (하나님 나라)	미래적 하나님 나라 (완성된 하나님 나라)

2-6 구속사적 언약의 발전과정

구속사적 언약내용	1. 창 조 원 리 엡 1 : 4 ~ 6
참 고 내 용	• 창조언약의 기원 • 성경역사의 시작 (기원) • 창세전 하나님의 구원계획 • 은혜성, 은혜언약 • 하나님 나라의 계시 • 목적 : 하나님의 영광구현
하나님 나라의 영역	창세 전
하나님 나라의 진행	하나님 나라 계시
하나님 나라의 성격	원 형

2. 창 조 언 약	3. 선 약 과 언 약
창 1 : 28	창 2 : 17
• 문화명령, 위임명령 • 문화명령적 창조언약 • 무조건적 은혜언약 • 하나님 나라 사상 • 기독교적 청지기 • 창조언약의 원리 • 문화명령의 핵심사상 - 하나님의 통치 위임 • 목표: 하나님 나라 건설	• 아담언약 • 선악과 금령(법) • 선악과 언약 • 행위언약 • 금령법 • 제한된 자유의지 • 타락(불순종)
에 덴	에 덴
하나님 나라 계시	하나님 나라 계시
원 형	원 형

4. 여자의 후손언약	5. 노아언약
창 3 : 15	창 9 : 1 ~ 7
• 원시복음 • 복음의 원형 • 최초의 복음 - 구속, 대속 • 어머니 약속 • 원복음 • 구속의 원리 • 여자의 계열(경건한 계열)과 뱀의 계열(불경건한 계열)의 투쟁의 역사를 예언 (엡6:12~13)	5-1 노아의 보존언약 창 9 : 8 ~ 17 • 창조언약의 갱신 • 구속사 진행 • 보존언약
에 덴	초기인류의 보편역사
하나님 나라 계시	하나님 나라 계시
갱신 (죄의 문제해결) (∵창조원리 ⇨ 구속원리)	갱 신

6. 아브라함언약	7. 시내산언약
창 12 : 1 ~ 3	출 24 : 1 ~ 8
6-1. 아브라함의 횃불언약 창 15 : 13 ~ 17 6-2. 이삭언약 창 26 : 2 ~ 5 6-3. 야곱언약 창 28 : 12 ~ 15 6-4. 야곱의 벧엘언약 갱신 창 35 : 9 ~ 15 • 언약적 구속계시의 대 전환 • 족장 언약(명시적,구체적,개인적) • 가족	7-1. 모세언약 출 29 : 1 ~ 29 참고 7-2. 모압언약 신 29 : 1 ~ 29 7-3. 세겜언약 수 8 : 30 ~ 35 세겜 1차 언약 수 24 : 24 ~ 28 세겜 2차 언약 • 하나님의 언약 백성 • 율법 수여 • 민족
이스라엘 역사	이스라엘 역사
하나님 나라의 예비적 성취	하나님 나라의 예비적 성취
모 형	모 형

8. 다윗언약	9. 새언약 (선지자들의 예언)
삼하 7:8 ~ 17	렘 31:31 ~ 34
• 신정왕국 언약 • 나라	• 선지자 예언 겔(35:26~38, 11:19~20, 37:24~28) 사(40장~60장, 61:1~3) 단 2:31~45 • 구약언약의 총체적 갱신 (1)예레미야 예언 속의 제시된 새 언약 - 렘 31:31~34 (2)이사야 예언 속에 제시된 새 언약 - 사 40장 ~ 60장 • 신 다윗왕조의 회복
이스라엘 역사	선지자 예언
하나님 나라의 예비적 성취	하나님 나라의 실체 제시
모 형	실체 제시

10. 예수 그리스도의 성육신	11. 예수 그리스도의 새언약 (죽음/부활)
마 1:21~ 23 갈 4:4, 마 4:23	마 26:28, 막 14:24, 눅 22:19~20, 고전 11:25
• 구약언약의 성취자 (히8:5~14, 10:16~18) -하나님 나라 성취 (현재적 하나님 나라) • 현재적 하나님 나라 도래 (통치의 개념) 마 12:28, 골 1:13, 엡 2:19 • 교회의 설립 제시 마 16:18	• 예수 그리스도의 죽음, 부활 요 19:30, 눅 24:6 • 성령 강림 행 2:1~4 • 구약언약의 총체적 성취
예수 그리스도의 사역	예수 그리스도의 사역
하나님 나라의 성취	하나님 나라 성취(통치적 개념)
현재적 하나님 나라	현재적 하나님 나라

12. 교 회 설 립	13. 새하늘, 새땅(하나님 나라)
엡 1:22 ~ 23, 마 28:18~20, 행 2:42, 마 16:18	계 21:1 ~ 4 사 65:17 ~ 25
• 교회 : 하나님 나라의 지상적 임재방식 • 그리스도 : 성전의 실체 • **하나님 나라의 이중적 구조**(이중성) (1) 이미(already) 도래한 현재적 하나님 나라 • 불가시적 하나님 나라 통치적 개념 눅 17:20~21, 마 12:28 롬 14:17, 골 1:13, 엡 2:19	• 예수 그리스도의 재림 : 행1:6~11, 2:1~4) • 미래적 하나님 나라 • 최종적 하나님 나라 완성(성취된 개념) • 교회의 완성 • 재 창조(하나님 나라) (2) 아직(not yet) 실현되지 않은 종말론적 하나님 나라 • 가시적 하나님 나라 성취된 개념 계 21:1~4, 사 65:17~25
교회	새 하늘, 새 땅 (새 창조, 재 창조)
현재적 하나님 나라 존재방식	미래적 하나님 나라
현재적 하나님 나라	최종적 하나님 나라 완성 (완성된 하나님 나라)

2-7 용어설명

1) 성경 : 하나님의 자기계시서(특별계시서)로써, 하나님께서 창세전에 그 마음에 품으신 계획과 작정을 성경을 통해 세상역사 가운데 펼쳐 보이신 특별한 책입니다.

2) 성경의 역사 : 예수 그리스도의 인격과 사역 안에서 당신의 친 백성들을 찾아 구원하시고 이들을 통해 교회를 이루시며 나아가 이들 교회의 종말론적 실체로써 하나님 나라를 이루고자 하시는 하나님의 절대 주권적인 섭리역사입니다. (교회 : 하나님 나라의 지상적 임재방식)

3) 계시 : 창세전 하나님께서 가지고 계신 궁극적인 계획과 목적입니다. (하나님의 영광구현, 하나님 나라 성취)

4) 계시사 : 하나님께서 창세 전 영원세계에서 하나님의 기뻐하신 뜻 가운데 그 마음 깊은 곳에 간직해 두셨던 영원하신 계획과 목적을 인류역사 속에 언약을 도구로 펼쳐 보이신 구속의 경륜을 총체적으로 가리킵니다.

5) 구속 : 예수 그리스도의 인격과 사역을 통해 택하신 백성을 구원하시는 하나님의 활동역사입니다.

6) 구속사 : 예수 그리스도의 인격과 사역 안에서 당신이 택하신 백성들을 구원하시고 이들을 통해서 하나님 나라를 최종적으로 이루어 나가시는 하나님의 절대 주권적인 사역을 가리킵니다. 이때 하나님의 구속사는 세상역사를 현장과 무대로 삼아 진행됩니다.

- 예수 그리스도의 인격 : 성육신 사건
- 예수 그리스도의 사역 : 십자가 사건

7) 언약 : 구속사 진행의 도구로 사용하는 것으로써 하나님 나라를 성취하는 수단으로 '선 언약 – 후 성취'의 방식으로 진행됩니다.

8) 언약의 본질 : "나는 너의 하나님이 되고, 너는 내 백성이 되리라" (하나님 나라 성취)

9) 법, 율법, 십계명 : 언약을 회복, 유지, 발전, 성취시키기 위한 도구(수단)로 사용하신 것입니다.

10) 율법 : 하나님의 율례와 법도

11) 율례 : 하나님의 법도와 뜻

12) 경륜 : 하나님께서 시간과 공간의 세계 속에서 당신의 나라를 진행시키시는 계획입니다.

13) 죄의 관영 : 인간이 윤리적이고 도덕적인 타락과 부패와 패역을 포함할 뿐 아니라 당시 인류의 총체적인 삶의 성향이 보다 적극적으로 하나님의 언약과 뜻을 거역하는 방향으로 치우쳐 있음을 가리키는 것입니다.

14) 언약적 구속사 : 하나님 계시의 중심사상인 구속의 도리가 세상역사를 무대로 하여 섭리적으로 펼쳐질 때 '선 언약 – 후 성취'의 방식으로 진행되는 것을 가리킵니다. 즉, 언약을 구속사 진행의 도구로 사용하신다는 의미입니다.

15) 세상역사 : 하나님의 언약적 구속사가 점진성을 띠고 때를 좇아 한 치의 오차도 없이 진행되는 현장과 무대입니다.
세상역사의 본질은 하나님의 구속사입니다.

- 표면적 : 세상역사
- 이면적 : 구속사

16) 십계명 : 시내산에서 모세를 통해 하나님께서 주신 일체의 율법의 총화입니다. 십계명을 위시해 세부 세칙으로 다양한 규례와 율례들은 결코 구원의 방편으로 수여 않았으며 애굽으로부터 구속받은 하나님의 택한 백성으로서 마땅히 지켜야할 행동규칙과 생활지침으로 주신 것입니다.

17) 신앙의 본질 : 말씀에 적극적으로 순종하는 삶을 통해 종말론적 하나님 나라의 통치를 여기서부터 선취적으로 누리는 실제적 경험입니다.

18) 신앙자세 : 말씀의 본의를 생명의 도리로 붙들고 살아가는 계시의존적 상고(사색)신앙과 섭리의존적 순종신앙의 자세입니다.

19) 남은자 : 하나님께서는 유다백성들 중 일단의 무리를 포로로 잡혀 갔던 이방으로부터 회복시키실 것을 약속하십니다. 예레미야는 이들을 남은자라고 명명합니다. (렘23:3)
구속사 진행에 있어서 '남은자' 사상은 하나님의 친 백성을 가리키는 언약적 용어로 본질상 그리스도 안에서 은혜로 구원받은 '택자'의 사상과 동일한 의미를 갖습니다. (엡1:4~6)

20) 새 언약 : 분열 이스라엘 왕국의 포로기 전, 후 선지자들이 예언한 약속들 중, 특별히 이스라엘 미래의 구원과 회복에 맞춰 선포한 예언들을 총체적으로 '새 언약'이라 부릅니다.

21) 하나님의 백성 : 하나님을 왕으로 모시고 그 분의 왕적 통치에 기꺼이 순응하는 충성된 종의 삶을 통해 비로소 그 정체성이 확인 됩니다.

22) 섭리의 3요소 : 하나님은 당신의 선하신 뜻을 주권적으로 관장해 가실 때, 때와 사람과 환경을 섭리의 도구로 선용하십니다. 이를 섭리의 3요소라 부릅니다.

23) 성도의 견인 : 성도는 결코 하나님의 은혜와 사랑에서 떨어질 수 없는 자들입니다.(롬8:35~39) 이를 신학적으로 '성도의 견인'이라고 부릅니다.

24) 성도의 생활 : 구원받은 피조물로써 창조주이신 하나님의 말씀을 절대적으로 의존하는 가운데 이를 생명의 도리로 붙들고 순종하며 살아가는 삶입니다.

25) 구속(Redemption) : 자기 것을 자기가 대가를 지불하고 되 사오는 것입니다. (하나님께서 우리를 창조하시고 예수 그리스도께서 그의 보혈로 우리를 사서 죄에서 해방 시키시고 당신의 소유로 삼으심)

26) 예배 : 하나님을 향해 기원적이며 기복적인 차원에서 드리는 지성감천 주의적 신앙행위가 아닙니다. 하나님께서 먼저 베푸신 구원론적인 은혜에 감사함으로 드리는 보답과 보은의 신앙고백적 행위입니다.

27) 교회 : 예수님을 주와 하나님으로 믿고 신앙 고백하는 자들로 구성된 신앙공동체입니다. 즉, 예수님의 생명에 연합돼 예수님을 왕으로 모시고 살아가는 영적 생명공동체입니다.

28) 신령한 복 : 그리스도 안에서 성도들에게 베풀어주시는 하늘에 속한 영원하고 영속적인 복의 본질 곧 구원의 실질을 총체적으로 일컫는 언약적 표현입니다.

2-8 예수 그리스도를 통한 구속사 진행

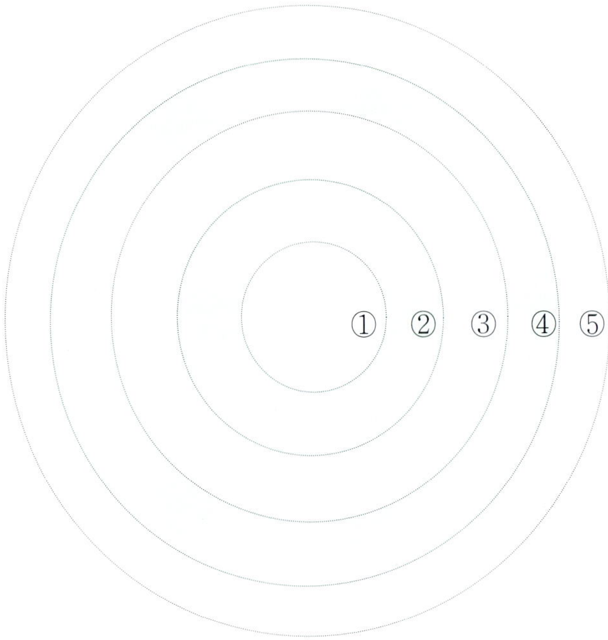

① 예수 그리스도 (요5:39)
② 성도 (마1:21, 눅19:10, 막10:45)
③ 교회 (마16:18, 엡2:14~15)
④ 하나님 나라 (마4:17, 6:33, 골1:13)
⑤ 하나님의 영광구현/회복 (엡1:4~6, 전12:13, 고전10:31, 겔36:21~22, 사48:11)

2-6 구속사적 언약의 발전과정

1) 계시사, 언약사, 구속사라는 표현은 본질에서 동일성을 띄면서 궁극적 목적인 '하나님 나라'의 실현 및 하나님의 영광구현을 향해 서로 밀접하게 연관되어 있습니다.

2) 구속경륜의 핵심은 '그리스도 안에서' (엡1:4) 죄로 말미암아 타락한 당신의 백성들을 구원하셔서 주님의 몸 된 교회를 이루시고 이들를 통해 종말론적 하나님 나라를 건설하시려는 하나님의 주권적인 일하심을 가리킵니다.

3) 구원협약의 중심사상은 하나님의 기뻐하시는 뜻 가운데 선택한 하나님의 백성들을 예수 그리스도의 구속과 성령님의 인침과 적용의 사역을 통해 하나님의 자녀로 삼아 주시고 하나님은 저들의 하나님이 되어 주심으로 하나님의 구원과 은혜의 영광을 찬미하는데 있습니다.(엡1:4~14)

4) 성경의 언약사는 구속사를 해명하는데 결정적인 단서입니다. 그러므로 구속사를 일명 언약적 구속사라고 부릅니다.
('선 언약-후 성취'의 방식으로 진행)

5) 문화명령의 본의는 하나님께서 언약의 주체가 되셔서 아담과 하와 및 이들의 후손들을 통해 친히 이 땅위에 하나님 나라를 건설해 나가시겠다는 강력한 의지가 표명된 은혜성을 내포하고 있습니다. 하나님께서 일방적으로 아담과 하와에게 복으로 약속하신 내용이기 때문입니다.

6) 하나님의 구속사가 언약을 도구로 세상역사 가운데 종말론적 성취를 향해 전개될 때 암시적-명시적, 표상적-구체적, 예표적-실제적, 모형적-원형적인 상호관계를 띄고 점진적으로 진행됩니다.

7) 구속사의 정체성은 여자의 후손언약이 세상역사를 방편삼아 성취되는 하나님의 주권적인 섭리역사의 전 과정을 의미합니다. 이 말은 하나님께서 당신의 구속사를 세상역사 속에서 전개시켜 나가실 때 '선 언약'하시고 '후 성취'하시는 언약적 방식을 취하신다는 말씀과 동일한 의미를 갖습니다. 곧 언약을 구속사 진행의 도구로 사용하신다는 이야기입니다.
그래서 이를 언약적 구속사라고 부릅니다.

8) 모든 언약들은 성격상 다양성을 띄면서도 기원이 신적인 것으로 인해 통일성을 지향하는 가운데 여러 단계의 언약적 갱신과 발전과 향상을 거듭하면서 궁극적으로 예수 그리스도 안에서 성취의 절정을 이루게 됩니다. 그런 의미에서 예수 그리스도는 신, 구약 언약의 총화이시며 성취의 당사자 이십니다.(마1:1, 눅24:27, 44)

9) 선지자들이 예언한 새 언약의 본질은 사실상 예수님의 인격(성육신 사건)과 사역(십자가 사건) 안에서 절정을 이룬 현재적 하나님 나라의 도래와 통치 속에서 예비적 성취를 이루며 재림을 통해 종말론적으로 완성될 것입니다.

10) 예레미야의 새 언약 사상은 예수 그리스도의 새 언약 안에서 그 실체를 드러내며, 동시에 예레미야의 새 언약이 약속하고 있는 이스리엘의 회복은 '새 이스라엘'인 교회공동체를 가리키고 있습니다.

11) 예수님의 새 언약사상의 핵심은 예수님께서 당신의 백성을 저희 죄에서 구원하시기 위해 자기 몸을 기꺼이 희생 제물로 드리는 대속적 죽음과 부활사건을 가리킵니다.

12) 새 언약의 본질은 예수님의 구속사건에 근거해 이를 믿는 자에게 죄의 사면과 구원의 은총을 베풀어 하나님의 자녀로 거듭나게 하시는 재창조의 사역을 가리킵니다.

13) 구약은 신약의 빛 안에서 밝히 드러나고, 신약은 구약 안에 감춰져 있습니다. 즉 구약계시는 신약 안에서 구속사적 계시의 진의와 실체가 밝혀지고, 신약계시는 반대로 구약 안에서 실체적 전모가 예표와 모형과 상징으로 감춰져 있습니다.

14) 성경의 총체적 주제는 하나님의 절대 주권적 섭리로 말미암는 '하나님 나라' 사상입니다.

15) 성경의 역사는 구속사입니다. 예수 그리스도의 대속적 속죄사역 안에서 당신의 백성을 구원하시고 이들을 통해서 교회공동체를 이루시는 가운데 궁극적으로 하나님 나라를 건설하심으로 종말론적 영광을 받으시고 역사를 섭리적으로 주관해 가시는 하나님의 절대 주권적인 활동사역입니다.

16) '그리스도 안에서'란 예수 그리스도의 인격과 사역을 통해 하나님이 택한 백성들을 저희 죄로부터 구원해 당신의 언약백성으로 삼으셔서 하나님은 저들의 하나님이 되시고 저들은 하나님의 백성이 되게 하시는 예수 그리스도의 구속사역의 정체성을 총체적으로 함의하고 있는 관용구적 표현입니다.
그리스도 안에서란 표현을 그리스도의 인격과 사역이라는 구속사상과 결부시켜 해석하게 될 때 논리적으로 타락이 전제되지 않는 구속이란 처음부터 불가능하기 때문입니다. 구원협약의 근간을 이루고 있는 그리스도의 구속사상은 이처럼 자체 속에 비록 문자적으로는 발견되지 않더라도 씨의 개념을 통해 논리적으로 창조와 타락이라는 중요한 두 신학적 주제를 그리스도 안에서란 표현 속에 은닉적으로 담고 있습니다. 이런 관점에서 창1~3장을 통해 발견되는 구조적인 틀로써 창조-타락-구속이라는 신학적 주제들은 우연의 산물로 나타난 것이 아닙니다.
전통적 개혁주의 신학에서는 지금까지 이를 하나님의 '허용적 작정(permissive decree)'으로 정의해 왔습니다.

17) 하나님 나라는 하나님의 말씀의 통치를 적극적으로 받아 누리는 현장이 곧 하나님 나라인 것입니다. 그러나 아직은 불완전한 것으로 종말론적으로 성취될 하나님 나라 도래의 예비적 성격을 띠고 있습니다.

18) 하나님 나라는 거듭난 하나님의 친 백성들로 구성된 교회공동체 속에서 가장 확실하고 현저하게 천상적 통치와 권세를 발휘하고 있다는 사실입니다. 이로 인해 교회를 하나님 나라의 지상적 임재 방식이라 부르기도 합니다.

19) 다니엘서의 느부갓네살 왕의 꿈에서 제시하는 신학적 명제들(단 2:31~46)

(1) 세상역사는 목표 지향적입니다.
- 역사의 시작이 있으면 반드시 끝이 있음을 의미합니다.
- 하나님께서 알파와 오메가가 되신다는 것입니다.

(2) 세상역사의 성격은 점진적입니다.
- 세상역사가 목표 지향적이란 사실은 최종적인 목표를 향해 점진적으로 진행하고 있음을 가리킵니다.

(3) 세상역사의 최종목표는 하나님 나라입니다.
- 세상역사의 종말에 뜨인 돌로 말미암아 하나님 나라가 실현될 것을 꿈을 통해 계시하고 있습니다.
- 성경계시의 총체적 주제는 하나님 나라입니다.
- 하나님 말씀의 통치를 적극적으로 받아 누리는 현장이 곧 하나님 나라인 것입니다.

(4) 세상역사의 본질은 구속사입니다.
- 세상역사는 그 자체로써 독립적으로 존재하고 있지 않습니다.
하나님의 창세 전 영원하신 목적을 이루기 위한 방편적 성격과 기능을 띱니다.

(5) 하나님께서는 역사의 주관자이십니다.
- 여기서 말하는 역사란 세상역사와 구속사를 동시적으로 포함합니다.
본질적으로 역사란 구속사일 뿐입니다.

20) 성경역사는 신적언약을 방편으로 진행되는 하나님의 구속사의 기록입니다.

(1) 예수 그리스도의 재림으로 인해 종말론적으로 실현될 하나님 나라라는 최종 목표를 향해 점진적으로 진행되는 하나님의 '언약적' 계시역사입니다.

(2) 곧 예수 그리스도의 인격과 사역 안에서 당신의 친 백성들을 찾아 구원하시고 이들을 통해 교회를 이루시며 나아가 이들 교회의 종말론적 실체로써 하나님 나라를 이루고자 하시는 하나님의 절대 주권적인 섭리역사입니다.

(3) 이 과정에서 구속사를 '언약적 구속사'라고 표현하는 이유는 하나님의 구속사가 세상역사를 무대로 전개될 때 '선 언약-후 성취'의 방식으로 진행되면서 언약을 방편으로 사용하시기 때문입니다.

21) 성경신학 = 언약적 구속사

22) 성경계시의 총화 = 하나님 나라 사상

23) 하나님의 구속사 = 하나님의 절대 주권적 섭리역사

24) 우리가 구원받았다는 사실이 함의하고 있는 사중적인 특혜의 의미

(1) 모든 죄와 죄책으로부터의 사면입니다. (히9:12)

(2) 죄의 값인 사망으로부터의 해방입니다. (엡2:1)

(3) 최후의 종말론적 심판으로부터 제외입니다. (요5:24, 마25:31~34)

(4) 불못으로 상징되는 영벌로부터 해방입니다. (마25:46, 계20:15)

25) 하나님 나라의 실현은 '하나님이 우리의 하나님이 되시고 우리가 하나님의 백성'이 되는 임마누엘 신학이 종말론적으로 완성될 때 가능하게 될 것입니다.

26) 하나님 나라의 이중적 구조 (이중성)

(1) 이미(already) 도래한 현재적 하나님 나라(불가시적 하나님 나라)

– 통치적 개념 (마12:28, 눅17:20~21, 롬14:17)

(2) 아직(not yet) 실현되지 않은 종말론적 하나님 나라(가시적 하나님 나라)

– 성취된 개념 (계21:1~4, 사65:17~25)

27) 교회는 세상 속에서 '이미' 도래한 현재적 하나님 나라를 반영하는 가운데 '아직' 실현되지 않은 종말론적 하나님 나라를 목표삼아 남은 구속사를 운반하는 하나님의 거룩한 친 백성들로 존재합니다.

28) 계시, 언약, 율법의 관계

(1) 하나님께서 가지고 계신 궁극적 계획과 목적 - 계시(하나님 나라)(최상위 개념)

(2) 하나님 나라를 성취하는 수단 - 언약을 사용(중위 개념)

(3) 언약을 회복, 유지, 발전, 성취하는 도구 - 법(율법)을 사용 (하위 개념)

29) 기독교 신앙의 정체성 : 계시의존적 상고(사색)신앙입니다. (요삼 4절, 딤전2:4, 행17:11)

30) 기독교 신앙 : 하나님의 계시를 철저히 의존하는 것입니다.

31) '하나님의 뜻대로' (마7:21)의 신앙 = '지식을 좇는 신앙'(롬10:2)

- 말씀의 본의를 생명의 도리로 붙들고 살아가는 계시의존적 상고(사색)신앙과 섭리의존적 순종신앙의 자세를 말합니다.

2-10 신앙생활의 변화

잘못된 신앙 ⇨ 바른 신앙

잘못된 신앙	바른 신앙
자의적 숭배 신앙 - 신앙의 도구화 - 자의적 해석, 편의적 적용 - 자기 중심의 인본주의적 신앙관	**계시의존적 상고(사색) 신앙** - 섭리의존적인 신앙 - 하나님의 심정, 성령님의 의중 적용 - 하나님 중심의 신본주의적 신앙관
기복주의 신앙 - 인본주의 신앙	**섭리의존적 순종 신앙** - 신본주의 신앙
자기열심 - 자기 중심 - 내 뜻	**하나님의 열심** - 하나님 중심 - 주님 뜻
마7:21~23 (불법적) 롬10:2~3 (불복종적)	행17:11 (성경을 상고)

제3단원
요한계시록 공부

요한계시록 공부에 대하여

1) 요한계시록은 오늘날 다양한 이단의 온상이 되고 있는 것이 현실입니다. 저마다의 관점에서 다양한 해석이 나오게 되므로 공부하지 않으면 잘못 빠질 수 있으므로 바르게 이해하고 있어야 합니다.

2) 요한계시록에 대해 여러 가지 설(세대주의적 전천년설, 역사적 전천년설, 후천년설, 무천년설 등)이 있으나, 그중에서 바른 진리로 인정하고 있는 무천년설에 대해 공부하였습니다.

3) 요한계시록을 공부하는데 우선 전체적 내용체계와 각 장별 핵심내용을 파악하고, 각종 용어와 상징적 숫자에 대해 바르게 이해하면서 공부해야 합니다.

4) 언약적 구속사 (구속사와 하나님 나라)에 대하여 공부하신 후에 요한계시록을 공부해야 바른 이해가 됩니다.

5) 세대주의적 전천년설 : 환란전, 천년왕국 전 휴거(부활)
역사적 전천년설 : 환란후, 천년왕국 전 휴거(부활)
후천년설 : 환란후, 천년왕국 후 예수님 재림시 휴거(부활)
무천년설 : 예수님의 초림에서 재림까지의 기간을 환란, 천년왕국으로 봄, 예수님 재림시 휴거(부활)

3-1 요한계시록은 어떤 책인가?

1) 창3:15의 여자의 후손언약의 종말론적 성취과정을 구약에 배경을 둔 다양한 묵시와 상징을 동원해 서사적 화법(이야기식, 대화식)으로 기록한 내용입니다.

2) 곧 여자의 후손언약을 시발로 본격적으로 시작된 하나님의 구속사가 어린 양 되신 예수 그리스도의 초림과 재림사건을 통해 성취되는 전 과정을 묵시적 기법으로 담고 있습니다.
이 과정에서 주님의 피 값으로 사신바 된 교회는 새 예루살렘 환상을 통해 종말론적 완성에 이르게 되며 그 성취 안에서 온갖 천상적 축복을 향유하게 됩니다. 마침내 언약적 구속사는 완성되고 하나님과 예수 그리스도와 교회는 하나로 결합됩니다.

3) 처음 에덴의 계시를 통해 계획하셨던 하나님 나라가 새 하늘과 새 땅의 새 예루살렘교회의 환상을 최종적으로 실현된 것입니다.

4) 요한계시록은 어린 양되신 예수 그리스도의 초림으로 인하여 구속사역의 성취 안에서 재림으로 인한 교회의 종말론적 승리를 적극 보증합니다. 반면에 그날이 도래하기까지의 과도기적인 기간인 현재 교회역사 속에서 초림으로 패배한 사단의 잔존 세력과의 한시적 충돌과 이로 인한 긴장과 반목과 핍박은 불가피 함을 역설합니다.

그러므로 이미 성취된 어린 양의 구속사역의 승리는 구속사의 종말론적 성취를 보증하기 때문에, 현재의 전투적인 성격을 띠고 있는 과도기적인 지상의 교회에서는 미래의 완승을 확신하면서 믿음과 인내로써의 현실을 넉넉히 극복하는 지혜가 필요합니다.

5) 요한 계시록은 '고난의 시기를 위한 예언문'이란 별명을 갖고 있습니다. (로마의 황제 도미티안의 황제숭배 사상에 대항)

6) 요한계시록의 주제를 요약하면 '어린 양의 구속과 교회의 종말론적 완성'입니다.

7) 계시 : 열어서 확 보여준다.
묵시 : 아는 사람은 알고, 모르는 사람은 모르게 할 목적으로 쓰는 것

3-2 요한계시록의 장별 핵심내용

	1장	밧모섬에 주께로부터 명령을 듣는 사도 요한, 그리스도의 계시
7교회	2장	4교회에서 보내는 편지(에베소, 서머나, 버가모, 두아디라)
	3장	3교회에서 보내는 편지(사데, 빌라델비아, 라오디게아)
	4장	24장로와 천상의 보좌에 앉으신 하나님
인	5장	어린 양 예수님께서 인봉된 책을 떼심, 일곱인 준비
	6장	4마리의 말 (흰 말, 붉은 말, 검은 말, 청황색 말) 1~6인 재앙
삽입구 (6:17)	7장	땅에서 인 맞은 144,000
나 팔	8장	7인, 1~4나팔 재앙
	9장	5~6나팔 재앙
삽입구 (8~9장)	10장	작은 책을 먹는 사도 요한
	11장	7나팔, 두 증인(두 촛대, 두 교회)의 복음증거사역
삽입구 (8~11장)	12장	일곱 머리와 열 뿔 달린 짐승, 해를 입은 여인과 아이와 용
	13장	666(적그리스도) 두 짐승(바다에서 나온 짐승=사단, 땅에서 나온 짐승=거짓 선지자)
	14장	짐승의 표, 하늘의 144,000
대 접	15장	일곱 대접 재앙 준비
	16장	1~6대접 재앙, 아마겟돈, 7대접 재앙
사 단 멸 망	17장	음녀(바벨론)
	18장	바벨론 멸망, 큰 성 바벨론의 심판
예 수 재 림	19장	예수님 재림, 혼인잔치(백마탄 자)
	20장	천년왕국, 사단의 결박(무저갱), 백보좌 심판(불못)
하나님 나라	21장	새 하늘과 새 땅, 교회의 승리
	22장	생명나무, 에덴의 회복과 재림의 약속

3-3 천년왕국 및 최후의 심판에 관한 이해

초림 부활 승천		재림 새하늘 새땅 하나님 나라

하늘	▌ 천년왕국(상징적)
땅	▌ 복음전파(계속적) ▌ 배도 ▌ 대환란(인, 나팔, 대접심판) = 백보좌심판, 최후의 심판, 종말론적 심판
상징적 숫자	▌ 1,000년 ▌ 교회시대 ▌ 1,260일(3년 반) ▌ 42달(3년 반) ▌ 한 때, 두 때, 반 때

3-4 종말에 관한 이해

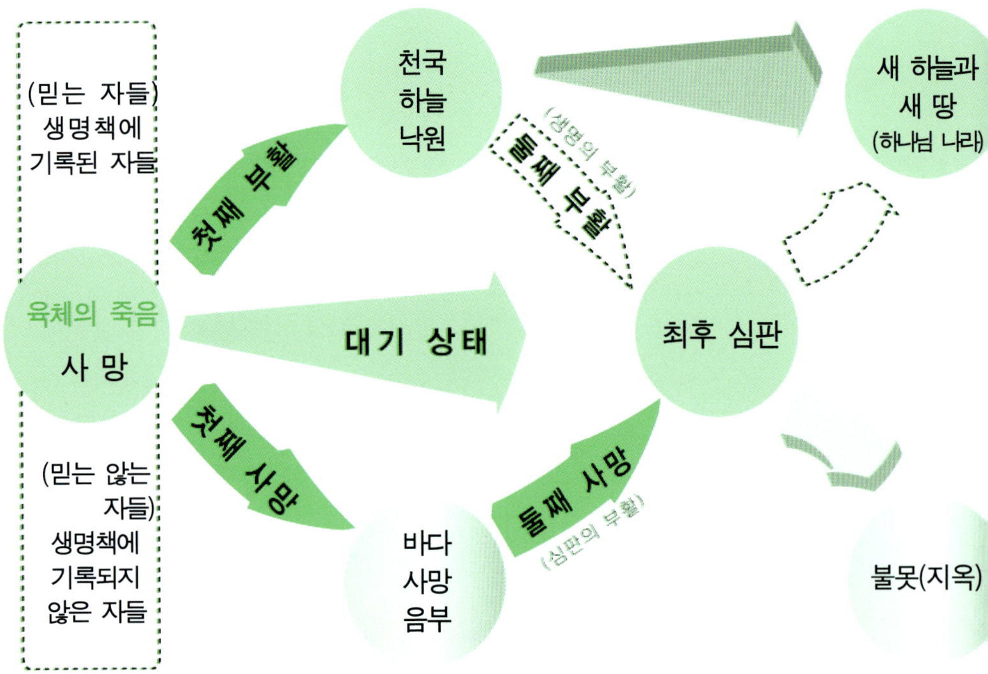

믿는자들

첫째 부활 – 거듭남, 중생, 새 생명을 얻은 상태
둘째 부활 – 생명의 부활, 영생, 새 하늘과 새 땅

믿지않는 자들

첫째 사망 – 육체의 죽음, 인간의 죽음
둘째 사망 – 영원한 죽음, 심판의 부활, 최후의 심판, 불못

3-5 용어설명

1) 666 (계 13:18) : 시저 네로의 헬라이름을 히브리어로 음역한 후 그 이름에 내포된 모든 숫자를 합한 것과 동일합니다.

- 짐승의 수 (적그리스도) = 네로황제의 모델

2) 아마겟돈 (계 16:16) : 무깃도의 산(무깃도의 도시)

종말론적 전쟁의 장소

영적전쟁, 심판의 장소, 영적 전쟁을 상징적으로 표현합니다.

용, 짐승, 거짓 선지자의 결정적 패배를 암시합니다.

3) 짐승의 표 (계 14:9) : 짐승을 따르는 자들

짐승을 경배하는 자들

하나님 진노의 포도주를 마시게 될 것입니다.

4) 생명책 (계 20:15) : 상징적 표현으로써 심판과 구원이라는 두 측면을 보여줍니다.

- 구원받은 자들 이름이 기록되어 있습니다.
- 불신자들 행위가 기록되어 심판의 근거를 제공합니다.

5) **백보좌 심판** (계 20:11~12) : 하나님은 심판의 주로서 인, 나팔, 대접심판을 주관하심을 나타냅니다.

- 백보좌심판 = 최후의 심판 = 종말론적 심판 = 대환란
- 크고 흰 : 하나님의 위엄과 거룩함을 부각합니다.

6) **음녀** (계 17:5) : 음녀는 짐승을 타고 있는 것으로 묘사되는데 짐승은 막강한 권력을 가지고 성도를 핍박했던 로마황제를 상징합니다.

- 음녀 = 바벨론
- 짐승 = 로마황제 상징

7) **천년동안 왕노릇** 천년왕국 (계 20:4) : 천년은 용이 천년동안 무저갱에 갇혀있는 기간과 동일합니다.

- 예수님의 십자가 사건에서 출발하여 예수님의 재림으로 마무리 되는 것으로 이해할 수 있습니다.

8) **어린양의 혼인잔치** (계 19:9) : 예수재림으로서 악의 세력의 멸망으로 인하여 성도와 그리스도의 완전한 연합을 상징하는 것입니다.

9) 144,000 : 12 × 12,000

(계 14:1) 구약 12지파

12 × 12 × 10^3

구약 12지파 신약 12사도 10은 완전수

- 구약백성과 신약백성을 함께 포함하는 하나님의 교회 공동체 전체를 상징적으로 보여주는 숫자
- 교회 공동체를 상징
- 짐승의 표를 받는 자들과 대조가 되는 자들입니다.
- 구원받은 자들, 하나님의 백성 전체

10) 인, 나팔, 대접심판 : 3가지 심판 시리즈는 예수님의 초림부터 재림까지의 기간을 포함합니다.

백보좌 심판
최후의 심판
종말론적 심판
대환란

- 각 7가지 재앙은 시간적 순서로 짜여져 있지 않고 점진적이며, 병행적이며, 나선형으로 되어 있습니다.
- 구약적 약속의 성취로써 종말론적 심판으로 주어지는 것입니다.

▮심판의 환상은 예수님의 초림으로 말미암아 이 우주에 드리워진 일종의 현실이므로 그 어떤 형태로든지 인간에게 주어집니다.

▮각 7가지 재앙의 내용 :

7 = 4(동일한 내용: 자연계) + 3(다른 내용: 악의심판)

▮하늘보좌 : 번개, 음성, 뇌성(4:5)

인재앙 : 뇌성, 음성, 번개, 지진(8:5)

나팔재앙 : 번개, 음성, 뇌성, 지진, 큰 우박(11:19)

대접재앙 : 번개, 음성, 뇌성, 큰 지진(16:17)

– 마지막 재앙

11) 24 장로 (계 4:4) : 제사장직 사역의 구약적 배경

12 + 12

구약12지파 신약 12사도

▮하나님의 백성을 대표하는 천사의 그룹

(하나님의 모든 백성)

12) 새 예루살렘에 존재하는 보석 : 하나님의 영광을 반영하는 것으로
(계 21:19~20) 이해됩니다.

- 보석들은 전체적으로 거룩한 도시, 새 예루살렘의 영광, 순결성, 아름다움, 소중성을 나타냅니다.
- 보석의 상징성은 교회가 모든 부분에서 하나님의 속성을 반영하면서 하나님의 영광으로 충만히 빛나는 것에서 찾아볼 수 있습니다.
- 보석 모티브의 구속사적 의미는 에덴의 성취의 완성을 의미합니다.

13) 의의 면류관, 생명의 면류관, 영광의 면류관 : 종말론적 구원의 완성으로써 예수 그리스도 안에서 성도들이 이미 현재적으로 누리고 있는 칭의와 영생과 미래적 영광을 면류관이란 표상적 이미지와 결부시켜 종말론적으로 설명하고 있는 내용입니다.

3-6 내용구성

1) 서론 예수 그리스도의 계시 (1:1 ~ 8)

2) 본론

제1환상군 부활하신 예수 그리스도의 현재적 사역 (1:9 ~ 3:22)

제2환상군 우주를 통치하시는 하늘보좌의 절대주권 (4:1 ~ 16:21)

- 7인 재앙(6:1~8:5) / 삽입환상(7장)
  땅에서 인침을 받은 자들, 하늘의 순교자들
- 7나팔 재앙(8:6~11:19) / 삽입환상(10~11장, 12~14장)
  10:1~11:13 - 작은 책과 두 증인
  11:14 - 두 번째 화가 지나감, 세 번째가 남아 있음
  12장 - 여인과 아이와 용(사단)
  13장 - 두 짐승이야기[정치적 그리스도(사단),
  종교적 그리스도(거짓 선지자)]
  14장 - 세 개의 환상
- 7대접 재앙(15:1 ~ 16:21)

제3환상군　음녀 바벨론의 멸망과 악의 세력에 대한 심판(17:1~21:8)
바벨론의 멸망(17:1~19:10) ← 최후의 심판
(19:11~20:15 보충설명)

제4환상군　어린양의 신부인 새 예루살렘의 출현
(21:9~22:5)
새 하늘과 새 땅 (21:1~8) : 보충설명

3) 결론　아멘, 주 예수여 오시옵소서(22:6~21)

3-7 내용구분 및 구조

내가 본 것 (일곱 금 촛대)	이제 있는 일 (일곱 교회)	장차 될 일
계1장	계2~3장	계4~22장

17:1 ~ 19:10(바벨론 멸망) ← 보충설명

1~3장(서론) – 4~16장(본론)
– 이중적 결론(19:11~21:8)

19:11~20:15(최후의 심판)
21:1~8(새 하늘과 새 땅)

21:9~22:5(새 예루살렘의 출현) ← 보충설명

3-8 보석에 대한 이해

● 새 예루살렘에 존재하는 보석(벽옥이 대표가 됨)

(1) 하나님의 영광을 반영하는 것으로 이해됩니다.

(2) 보석은 전체적으로 거룩한 도시, 새 예루살렘의 영광, 순결성, 아름다움, 그리고 소중성을 나타내 줍니다.

(3) 남편을 위해 단장한 신부의 아름다움을 더욱 강화시켜 줍니다.

(4) 보석의 상징성은 교회가 모든 부분에서 하나님의 속성을 반영하면서 하나님의 영광으로 충만히 빛나는 것에서 찾아볼 수 있습니다.

더 나아가서 보석 모티브는 구속사적 의미를 갖습니다. 곧 각종 보석으로 장식되어 있는 새 예루살렘은 에덴의 성취요 완성의 의미를 갖습니다. 왜냐하면 에덴이야말로 보석으로 가득한 곳이기 때문입니다.

3-9 요한계시록에 약속된 7가지 복

(1) 모두가 영적인 요소를 담고 있음

(2) 목숨의 영원한 보장

(3) 그리스도의 구속 안에서 죽음을 극복하는 영생의 삶을 보장

(4) 복의 본질 : 영생(요5:24, 시13:3)

첫째 복 : (계1:3) 이 예언의 말씀을 읽는 자와 듣는 자와 그 가운데에 기록한 것을 지키는 자는 복이 있나니 때가 가까움이라

둘째 복 : (계14:13) 지금 이후로 주안에서 죽는 자들은 복이 있도다 하시매 성령이 이르시되 그러하다 저희 수고를 그치고 쉬리니 이는 그들의 행한 일이 따름이라 하시더라

셋째 복 : (계16:15) 누구든지 깨어 자기 옷을 지켜 벌거벗고 다니지 아니하며 자기의 부끄러움을 보이지 아니하는 자는 복이 있도다

넷째 복 : (계19:9) 어린 양의 혼인잔치에 청함을 받은 자들은 복이 있도다

다섯째 복 : (계20:6) 이 첫째 부활에 참여하는 자들은 복이 있고 거룩하도다 둘째 사망이 그들을 다스리는 권세가 없고 도리어 그들이 하나님과 그리스도의 제사장이 되어 천 년 동안 그리스도와 더불어 왕 노릇 하리라

여섯째 복 : (계22:7) 보라 내가 속히 오리니 이 두루마리의 예언의 말씀을 지키는 자는 복이 있으리라 하더라

일곱째 복 : (계22:14) 자기 두루마기를 빠는 자들은 복이 있으니 이는 그들이 생명나무에 나아가며 문들을 통하여 성에 들어갈 권세를 받으려 함이로다

3-10 일곱 교회의 이기는 자에게 주시는 약속(상급)

(1) 모두가 영생을 나타냄

(2) 영생의 다른 표현임

(3) 상급의 내용은 한결같이 새 하늘과 새 땅에서 승리한 교회가 누리게 될 완성된 구원의 다양한 측면을 기술하고 있음

1) 에베소 교회 : (계2:7) 이기는 그에게는 내가 하나님의 낙원에 있는 생명나무의 열매를 주어 먹게 하리라

2) 서머나 교회 : (계2:11) 이기는 자는 둘째 사망의 해를 받지 아니하리라

3) 버가모 교회 : (계2:17) 이기는 그에게는 내가 감추었던 만나를 주고 또 흰 돌을 줄 터인데 그 돌 위에 새 이름을 기록한 것이 있나니 받는 자 밖에는 그 이름을 알 사람이 없느니라

4) 두아디라 교회 : (계2:26~28) 이기는 자와 끝까지 내 일을 지키는 그에게 만국을 다스리는 권세를 주리니 그가 철장을 가지고 그들을 다스려 질그릇 깨뜨리는 것과 같이 하리라 나도 내 아버지께 받은 것이 그러하니라 내가 또 그에게 새벽 별을 주리라

5) 사데 교회 : (계 3:5) 이기는 자는 이와 같이 흰 옷을 입을 것이요 내가 그 이름을 생명책에서 결코 지우지 아니하고 그 이름을 내 아버지 앞과 그의 천사들 앞에서 시인하리라

6) 빌라델비아 교회 : (계3:12) 이기는 자는 내 하나님 성전에 기둥이 되게 하리니 그가 결코 다시 나가지 아니하리라 내가 하나님의 이름과 하나님의 성 곧 하늘에서 내 하나님께로부터 내려오는 새 예루살렘의 이름과 나의 새 이름을 그이 위에 기록하리라

7) 라오디게아 교회 : (계3:21) 이기는 그에게는 내가 내 보좌에 함께 앉게 하여 주기를 내가 이기고 아버지 보좌에 함께 앉은 것과 같이 하리라

3-11 요한계시록을 이해하는데 도움이 되는 글들

1) 성경역사인 계시사의 본질이 구속사이며, 구속사를 푸는 열쇠가 언약이고 구속사의 궁극적인 목표가 신정왕국인 하나님 나라의 종말론적 완성에 집중되고 있으므로 요한계시록 또한 언약적 구속사의 종말론적 성취라는 맥락에서 보아야 합니다.

2) 요한계시록의 내용은 다양한 묵시와 상징을 비유적인 표현으로 구성되어 있으며 사건 기록에 있어서도 연대기적으로 기술하지 않았으며 때론 점진적이면서도 동시에 중첩되는 병행법을 사용하였습니다.

3) 요한계시록의 내용은 예수님의 부활승천 이후 전투하는 교회의 정체성을 띤 지역교회가 당면한 영적 싸움의 현실을 구약적 배경을 사용해 묵시와 상징적 표현을 통해 기술하고 있습니다.

4) 예수님의 초림으로 말미암는 구속사역의 승리가 구약언약의 총화인 새 언약의 구체적인 성취(이미)임에도 불구하고 구속사의 전 경륜 속에서 예비적인 성취의 성격을 띠는 것은 재림으로 말미암는 구속사의 종말론적 완성(아직)을 여전히 남겨 놓고 있기 때문입니다.

5) 재림의 목적은 구속사의 종말론적 완성으로써 하나님 구속사의 경륜을 최종적으로 종식시키기 위한 것이며, 성도들에게는 구원의 완성을 통한 교회의 승리를 선포하는 것이며, 불신자들에게는 심판과 지옥의 형벌을 집행하시는 의미를 가집니다.

6) 요한계시록에서 기술하고 있는 하나님의 섭리적 작정의 기간인 1,260일 또는 한 때와 두 때와 반 때의 기간은 동일한 시기임을 확인할 수 있으며 이런 사실이 의미하는 바는 일천년이 문자적 천년이 아닌 상징적인 숫자를 가리키는 것으로 곧 예수 그리스도의 초림에서 재림까지의 전 기간을 뜻하는 것임을 감지할 수 있습니다. 이를 신학적으로 무천년설이라 부릅니다.

7) 성경의 곳곳에서 언급하고 있는 사단의 활동에 대한 내용은 다름 아닌 '사단적 영향력의 행사'를 의미한다. 비록 사단은 철저히 결박된 채 이미 감금당했을 지라도 그의 영향력은 사단의 추종자와 하수인들을 통해 여전히 현재적으로 시행되고 있습니다.

8) 계시록에 언급된 1,000년, 1,260일, 42달, 십일 등 숫자들은 상징적 숫자로써 하나님께서 기뻐하시는 뜻 가운데 정해 놓으신 섭리적 작정의 기간입니다. 교회가 광야에서 양육과 보호를 받는 한 때, 두 때, 반 때 및 1,260일, 두 짐승에 의해 교회가 핍박당하는 42달과 삼일 반의 표현과도 본질상 동일한 기간임을 확인할 수 있습니다. 같은 기간을 내용의 성격에 따라 달리 묘사하고 있을 뿐입니다.

9) 아마겟돈 전쟁환상은 사단의 세력을 반영하고 있는 귀신의 영이 악의 삼두체제로부터 비롯된 거짓 가르침으로 만국을 미혹해서 하나님과 교회를 대적하기 위해 대규모적인 공세를 취한다는 것을 상징적으로 보여주는 묵시적 사건입니다.

10) 성경에서 아마겟돈 전쟁이라 함은 악의 세력이 큰 권세와 능력으로 대적해 올지라도 하나님의 더 크신 능력과 권세로 마침내 패배시키시고 최후의 승리를 쟁취하신다는 영적 진리를 교훈해 줍니다. 이런 의미에서 성경역사상 가장 큰 아마겟돈 전쟁은 갈보리의 예수 그리스도의 구속사역을 통해 이미 성취된 셈입니다.

11) 아마겟돈 전쟁은 이미 갈보리에서 발발했고 이제도 교회와의 관계 속에서 세계 곳곳에서 일어나고 있으며 장차 종말론적으로 발생하게 될 것입니다. 그러나 중요한 사실은 어떤 성격을 띤 아마겟돈 전쟁일지라도 예수 그리스도의 십자가의 승리 안에서 최후의 승리가 이미 보장돼 있다는 사실입니다.

12) 혼인잔치 비유는 사단의 세력이 총체적으로 패배한 사실에 근거해 하늘에 진정한 평안과 안식이 도래했음을 의미합니다. 이로 인해 언약의 핵심사상인 임마누엘의 최종완성, 곧 하나님이 당신의 백성들과 함께 하신다는 하나님 나라의 일치와 연합의 사건이 마침내 실현되었음을 선언하는 의미를 가집니다.

13) 생명책이 의미하는 상징은 예수 그리스도의 생명에 연합돼 천국시민으로서의 영생의 삶을 확실하게 보증한다는 의미를 갖습니다. 이는 둘째 사망 곧 지옥의 불못에 들어가는 종말론적인 심판의 형벌로부터 제외되는 것을 가리킵니다.

14) 무저갱은 사단이 일시적으로 거처하는 형벌의 장소로써 감옥의 성격을 띠지만 불못은 영벌의 장소입니다.

15) 요한계시록의 핵심주제는 예수 그리스도의 승리 안에서 교회의 종말론적 승리에 하나님의 구속사가 마침내 성취의 절정을 맞게 된다는 우주적 경륜의 완성에 모든 초점이 모아 진다고 하겠습니다. 요약하면 어린 양의 구속과 교회의 종말론적 완성입니다.

16) 요한계시록은 예수님의 초림과 재림사이를 기록한 것입니다.

17) 공기 : 사단의 좌소를 상징적으로 지칭합니다.
바다 : 사단의 총사령부를 가리킵니다.

제4단원
칼빈주의 신학공부

4-1 칼빈주의 신학이란 무엇인가

4-2 칼빈주의 신학의 기본원리

4-3 칼빈주의 5대 교리

(1) 인간의 전적 타락(전적 부패, 전적 무능)

(2) 하나님의 무조건적 선택

(3) 예수님의 제한 속죄

(4) 성령님의 유효적 부르심(불가항력적 은혜, 유효적 소명)

(5) 성도의 견인교리 (구원의 영원성과 영속성)

▌ 알마니안 (알미니우스 주의자들) 교리

칼빈주의 신학공부에 대하여

1) 존 칼빈(John Calvin)은 초대교회 이후 사도들의 전승과 신앙고백으로 내려오는 전통적인 신학사상을 참 복음과 하나님의 법도를 정리하여 성경신학적 관점으로 보다 종합적이고 체계적으로 정리하였으며, 성경의 진리를 가장 바르게 깨달아 후대에 전달한 사람입니다.

2) 성경진리의 전승단계를 보면, 사도바울(신학적 기초수립) ➡ 어거스틴(발전) ➡ 칼빈(종합적 체계수립) ➡ 칼빈추종 신학자들<벤자민 워필드, 찰스핫지, 아브라함 카이퍼, 헤르만 바빙크……. 등>(꽃을 피움) ➡ 현재 역사적 개혁주의를 고수하는 신학자들(열매 맺음)

3) 칼빈주의를 이해하면 구원의 확신이 있는가? 내가 믿으면 구원 받는가? 잘못 믿거나 죄를 지으면 지옥에 가는가? 하는 의문이 해소되며 신앙에 대한 확신을 갖게 되므로 신앙의 자유함과 평안을 누리게 됩니다.

4) 별도로 '칼빈의 기독교강요'에 대해 공부하시면 더욱 도움이 됩니다.

4-1 칼빈주의 신학이란 무엇인가?

1) 존 칼빈(John Calvin)은 성경의 진리를 가장 바르게 깨달은 사람 중 하나였으며 교의운동의 위대한 지도자들(바울, 어거스틴 등)의 사상을 후대에 가장 바르게 체계를 세워 전달한 사람입니다.

2) 칼빈주의 신학사상이라고 하면 성경에서 시작이 되었고 사도바울에 의해 신학적 기초가 수립되었으며, 어거스틴에 의해 발전되었고, 칼빈에 의해 종합적으로 체계가 세워졌을 뿐 아니라 칼빈을 추종하는 신학자들(벤자민 워필드, 찰스 핫지, 아브라함 카이퍼, 헤르만 바빙크 등)에 의해 꽃을 피웠으며 현재 역사적 개혁주의를 고수하고 있는 신학자들에 의해 열매를 맺고 있는 것입니다.

3) 칼빈주의는 성경적 참 복음과 하나님의 법도를 성경에 있는 그대로, 곧 성경 신학적 관점으로 가르치는 사상체계라 말할 수 있습니다. 이런 관점에서 우리는 칼빈주의가 성경을 기초로 한 정통신학이요 보수신학의 기초라고 확실히 믿는 것입니다.

4) 예수님(AD27~30) ➡ 바울(AD ~67) ➡ 어거스틴(AD354~430)
➡ 칼빈(AD1509~1564), 루터(AD1483~1546), 종교개혁(AD1517)

4-2 칼빈주의 신학의 기본원리

1. 하나님 중심

2. 성경 중심

3. 하나님의 절대주권 사상

4-3 칼빈주의 5대 교리

첫째 : 인간의 전적 타락(전적 부패, 전적 무능)

1) 인간의 전적타락교리는 전적부패 또는 전적무능이라는 표현과 함께 사용되기도 합니다. 이런 표현 속에는 한결같이 몇 가지 동일하게 시사하는 신학적 명제를 담고 있습니다. 그 중 대표적인 주제가 '모든 사람이 죄인'이라는 사실에 대한 지적입니다. 이는 상대적 명제가 아닙니다. 절대적 명제입니다. 다시 말해 사람은 누구를 막론하고 죄인인대 이는 사람과의 관계 속에서 평가된 것이 아닙니다. 창조자이시며 주권자이신 하나님 앞에서란 절대적 관계에 근거해 진단된 명제입니다. 다시 요약하면 모든 사람은 하나님 앞에서 신분의 고하와 출신의 다양성에도 불구하고 동일하게 죄인으로 간주되고 정죄된다는 사실입니다.

2) 하나님 앞에서 모든 사람은 죄인입니다.(롬3:10)
죄의 값은 사망입니다.(롬6:23)
죽음 후에는 심판이 있습니다.(히9:27)

3) 죄의 성립은 인간의 내적 욕심의 발로(지존사상, 창3:5)로 야기된 하나님의 말씀에 대한 불순종으로 정의됩니다. 다시 말해 죄의 본질은 하나님에 대한 불신에서 그 특징을 찾을 수 있습니다. 하나님을 믿지 못하는 것이 죄의 본질입니다.(요16:9)

4) 성경은 모든 사람이 하나님 면전에서 철저히 타락하고 부패한 무능자로 존재하고 있을 뿐 이라고 증언합니다. 아담의 원죄 안에서 온 인류가 하나님을 향해 반응할 수 있는 일체의 지(말씀), 정(믿음), 의(순종)의 기능을 근본적으로 상실했기 때문입니다. 성경은 이런 이유로 하나님을 떠난 불신자들을 일컬어 허물과 죄로 죽어버린 영적 사망자로 선고합니다.(엡2:1)

5) 따라서 인간은 스스로의 힘과 능력으로 하나님을 더듬어 찾을 수도 없고 하나님의 말씀을 깨닫는 자도 없으며, 한결같이 다 치우쳐 무익하게 되었음을 선포합니다.(롬3:11~12)

6) 이로 인해 스스로의 힘과 능력으로는 하나님을 향해 거듭날 수도, 볼 수도, 들을 수도, 말할 수도 없는 전적으로 무능력한 존재임을 지적합니다.(고전2:14)

7) 죽음은 인생의 종착역이 아닙니다. 끝이 아닙니다. 성경은 오히려 죽음을 영생(하나님 나라)과 영벌(불못 곧 지옥)의 실질로 들어가는 관문이라고 기술합니다. 따라서 죽음 후에 온 인류 앞에는 최종적인 심판이 기다리고 있습니다.(히9:27)

둘째 : 하나님의 무조건적 선택

1) 죄로 인해 타락한 인간이 율법을 행함으로 스스로 구원에 이를 수 있는 길은 전무하다는 것이 성경의 지적입니다.(롬3:20, 28) 오히려 생각하고 행하는 것마다 불의함과 죄악뿐임을 강조합니다.(창6:5, 사64:6) 인간의 본성이 죄로 오염되고 부패되었기 때문입니다.(렘17:9)

2) 하나님의 의한 일방적이고 '무조건적 선택' 방식은 죄로 인해 전적 타락과 부패와 무능에 빠진 인간을 구속하시려는 하나님의 은혜요 자비이며 긍휼의 일환으로 기능합니다.(엡1:4~6)

3) 작정(decree), 하나님의 작정이란 만물을 창조하시기 전 그 분의 선하시고 기뻐하시는 뜻 가운데 만물의 조성과 만사의 진행에 관한 하나님의 주권적인 계획을 총괄적으로 가리키는 표현입니다.(마10:29, 롬11:36)

4) 예정(predestination) : 예정은 작정에 종속된 일부입니다. 작정이 우주 만물의 경영과 관련된 포괄적이고 광의적이며 보편적인 계획이라면 예정은 특별히 구원의 여부와 관련된 인간의 선택과 유기에 관련된 하부 주제라 할 수 있습니다. 다시 말해 타락한 사람들 중에서 일부를 하나님의 기뻐하시는 뜻(절대 주권)가운데 개별적으로 선택해 구원해 주실 것을 창세전에 미리 정한 사실을 가리켜 예정이라고 부릅니다.(롬9:21, 엡1:4~6)

5) 창세전 예수 그리스도 안에서 베푸시는 하나님의 선 주권적 선택에 따른 후 성취의 일환으로 나타나는 현상입니다.(롬9:11)

6) 하나님께서 왜 우리를 죄악 중에서 은혜로 구원해 주셨을까, 성경은 아무도 자랑치 못하게 하기 위함이요, 오직 하나님께만 구원의 은혜의 영광을 돌리게 하시기 위함이라고 선포 하십니다.(고전1:29, 엡1:4~6, 2:9, 1:6, 눅17:10)

7) 하나님의 무조건적 선택은 전적으로 타락한 인간들을 구원하시는 하나님의 최선의 방편이십니다. 하나님의 은혜의 은혜됨의 비밀이 이에 있습니다. 만일 죄인을 구원하시는 하나님의 선택이 인간의 행위에 근거한 조건적 선택이 되었다면 우리 중 아무도 하나님을 아버지라 부를 수 있는 자가 없을 것입니다.(하나님의 무상의 은혜임)(롬9:18, 11:32)

8) 하나님께서는 당신의 구속사를 세상역사 속에서 진행해 가실 때 필요한 자들을 선택적으로 부르셔서 계시의 도구로 선용하십니다. 이 때 부르심을 입은 자들은 철저히 하나님의 기쁘신 뜻과 원하심을 따라 되는 창조자적 주권에 따라서 소명을 받게 됩니다. 다시 말해 부르심을 입은 자들이 아직 나지도 아니하고 무슨 선이나 악을 행하지도 아니한 때, 오직 택하심을 따라 되는 하나님의 주권적인 뜻이 부르시는 이에게로 말미암아 성취되게 하신다는 말씀입니다.

셋째 : 예수님의 제한 속죄

1) 하나님의 무조건적인 선택사상은 구원 그 자체가 아닙니다. 구원의 전제조건입니다. 다시 말해 구원은 죄로부터의 해방과 자유를 선언하시는 하나님의 은혜의 선물입니다. 반면, 창세전 예수 그리스도 안에서의 선택이란 창세후에 구원하시기로 예정하신 자들을 향하신 하나님의 의지적 표명이며 동시에 구원을 위한 사전 포석이란 사실입니다. 따라서 하나님의 선택은 구원을 위한 사전조치일 뿐 아니라, 구원의 성격이 일차적으로 죄로부터의 구원을 가리키고 있기 때문에 죄의 문제를 해결하기 위한 방편으로 속죄교리의 필연성을 제시합니다. 이는 인간의 죄를 사면해 주시는 방도로 제시된 하나님의 구속의 도리를 가리킵니다.(창3:15, 롬3:21~22)

2) 선택은 구속을 요구하고, 구속은 선택에 종속됩니다. 즉 죄 사함을 통한 구원의 문제와 하나님의 선택사상은 상호 밀접하게 의존되어 있다는 사실입니다.(엡1:4, 딤후1:9)

3) 하나님의 사전선택의 은혜를 받지 못하면 하나님의 속죄 범주에서도 제외될 수밖에 없음을 가리킵니다. 왜냐하면 하나님의 속죄는 하나님의 선택에 근거해 시행되는 연속적인 구원사역의 일환이기 때문입니다.

4) 속죄사역의 적용의 범위와 대상은 하나님께서 예수 그리스도 안에서 영생을 주시기로 작정하신 하나님의 택자들에게만 제한적이고 양보적으로 적용된 것임을 분명히 증거합니다.(엡1:4, 딤후1:9)

5) 인간의 속죄는 절대 타자가 자신의 몸을 대속물로 드리는 것을 통해서 가능하게 됩니다. 죄 값은 사망을 요구하고 있기 때문입니다. 그런 의미에서 어린 양을 희생 제물로 드리는 구약의 속죄제사는 예수 그리스도의 구속사역을 예표적으로 보여주는 계시사건입니다.

6) 누가는 이방인들 중 영생을 주시기로 작정된 자들만이 복음을 듣고 믿음으로 하나님의 백성으로 편입되고 있는 사실을 바울의 전도 내용을 통해 기록하고 있습니다.(행13:48) 이들의 정체성이야말로 창세전 그리스도 안에서 하나님의 기뻐하시는 뜻과 사랑과 예정에 의해 미리 선택된 자들임에 틀림없습니다. 이런 사실로 우리는 옛 사람의 몸이 아닙니다. 주님의 생명에 연합되어 새로운 피조물로 변화된 새 생명의 소유자들입니다.(고후 5:17)

7) 예수 그리스도는 하나님의 잃어버린 자들을 찾기 위해 오셨고 그들의 구속을 위해 당신의 몸을 내어 주셨습니다. 따라서 성도들이야말로 예수 그리스도 안에서 베푸시는 하나님의 구속은혜의 최대 수혜자입니다.

넷째 : 성령님의 유효적 부르심 (불가항력적 은혜, 유효적 소명)

1) 불가항력적이란 하나님께서 성령님을 통해 택자들의 심령 속에 역사하시면 그들의 영혼이 거듭나게 되며, 분명하고도 확실하게 복음을 받아 들여 새로운 피조물로서 하나님의 백성에 편입된다는 사실을 의미합니다. 이는 성령님으로 하여금 하나님께서 영원 전부터 택하신 자와 그리스도의 속죄사역의 공효가 미치는 모든 자들로 틀림없이 예수님을 구주와 하나님으로 믿게 하신다는 사실을 내포하고 있습니다.(고전12:3)

2) 불가항력적 은혜란 주제는 하나님의 택자들에게 예수 그리스도의 대속적 사역의 공효를 구체적으로 적용시켜 실제적인 구원으로 부르시는 직접적이고 능동적이며 적극적인 하나님의 구원사역입니다. 다시 말하면 선택받은 자들은 하나님의 인도하심을 어떤 방식을 통해서라도 결코 거부할 수 없다는 내용입니다.(고전12:3, 엡1:13, 고후1:22)

3) 불가항력적 은혜와 유효적 부르심이란 같은 내용의 다른 표현입니다. 창세전부터 예정하셨던 하나님의 택자들을 예수 그리스도의 대속적인 속죄사역 안에서 효과적으로 불러 내셔서 구원으로 인도하시는 하나님의 주권적 사역을 가리킵니다.(엡1:4~14)

- 성부하나님의 구원계획(엡1:4~6)
- 성자하나님의 구속사역(엡1:7~12)
- 성령하나님의 적용사역(엡1:13~14)

4) '유효하게'라 함은 하나님의 택자들을 예수 그리스도의 속죄사역 안에서 성령님으로 하여금 구원으로 부르실 때 불가항력적으로 성령의 내적 부르심에 응답하게 하는 것을 통해 창세전에 택한 자들을 남김없이 불러 모으신다는 사실을 가리킵니다. 이를 다른 표현으로 '불가항력적 은혜'라고 부르기도 합니다.(엡1:13~14, 고후1:22)

5) 불가항력적 은혜와 유효적 부르심의 교리는 구속의 공효를 하나님의 택자들에게 차별적으로 적용시키는 성령 하나님의 신비스런 사역을 가리킵니다.

6) 성령님을 통한 내적 부르심은 어떤 경우에도 거부될 수 없고, 따라서 실패할 수 없다는 의미입니다.(요6:37)

7) 하나님께서는 이 세상이 자기 지혜로는 하나님을 알 수도 알지도 못하는 고로 전도의 미련한 방식을 통해 주님의 복음이 전파되기를 원하십니다.(고전1:21) 때를 얻든지 못 얻든지 불특정 다수에게 십자가의 복음을 전하고, 저들이 들은 사실을 일컬어 외적 부르심이라고 말합니다.

8) 외적 부르심은 내적 부르심을 요구한다. 내적 부르심을 통해서만 복음에 반응해 구원에 이르게 됩니다. 내적 부르심이란 외적 부르심을 입은 자들 중에 일부를 성령께서 그들의 영혼을 거듭나게 하셔서 복음을 믿게 하심으로 인침과 내주케 하시는 적용의 사역을 가리킵니다.

다섯째 : 성도의 견인교리(구원의 영원성과 영속성)

1) 성도의 견인교리는 다르게 '구원의 영원한 보장'이라는 표현으로 설명하기도 합니다. 이는 성도가 한 번 구원을 받으면 예수 그리스도의 영 단번(once for all)의 속죄사역의 공효를 통해 구원이 영원히 보장됨으로 어떤 경우에도 중도에서 잃어버리거나 빼앗기거나 무효화 될 수 없다는 것을 의미합니다.(히10:12~14, 롬8:38~39)

2) 하나님께서 당신의 백성들을 예수 그리스도의 구속을 통해 구원하심은 철저히 은혜로 말미암는 하나님의 주권적인 사역의 결과입니다. 은혜란 하나님의 구원사역 속에서 인간의 행위가 호리만큼도 개입되지 않은 하나님 편의 선의적인 호의를 의미합니다. 그런 의미에서 하나님의 선택사상은 우리가 아직 세상 가운데 태어나기도 전, 어떤 선악간의 행동을 취하기도 전에 하나님 편에서 일방적으로 예정하신 하나님의 주권적인 행위입니다.

3) 따라서 성도의 견인교리의 핵심은 하나님의 구원의 은혜의 영원성과 영속성에 근거한 구원의 절대 안전과 보증에 집중됩니다. 즉, 궁극적 구원교리를 말합니다.

4) 성도의 견인교리는 하나님의 구원의 은혜가 중도에서 어떤 이유로든 결코 취소되거나 중단되지 않음을 시사합니다.

5) 성도들을 구원하시고 지속적으로 믿음 안에서 보존, 인도하시는 성령님께서 간섭과 역사를 하십니다.

6) 성도의 견인교리는 예수 그리스도 안에서 베푸시는 속죄 효력의 영원성과 영속성에서도 찾아집니다.(히10:14, 18)

7) 예수 그리스도의 대속적 희생제사가 갖는 효력이 영원하고 지속적이어서 반복해서 제사를 드릴 필요가 없음을 분명하게 시사하고 있습니다. 이를 신학적으로 영 단번(once for all)에 드려진 제사라고 부릅니다.

8) 하나님의 칭의적 구원 선포는 예수 그리스도의 대속 안에서 교리적이고 원리적인 측면에서 본질상 우리를 죄없다고 여겨주신다는 내용입니다. 루터는 이런 이유로 구원받은 성도를 가리켜 '용서받은 죄인'이란 표현을 사용하곤 했습니다.

9) 성도의 견인교리는 믿음으로 말미암는 구원의 영원성과 영속성을 보증합니다. 따라서 한번 구원받은 성도는 외부의 요인으로 인해 중도에서 결코 구원을 잃거나 믿음에서 아주 떠날 개연성은 전혀 없습니다. 만약 그런 일이 발생한다면 이는 그가 처음부터 성경이 말하는 정상적인 구원에 접촉된 것이 아니거나, 일시적인 시험과 실족 상태에 빠졌을 뿐 입니다.

10) 성도의 견인교리 사상은 총체적으로 함축하고 있는 '한번 구원은 영원한 구원'이라는 표현을 의미합니다. 혹자는 이를 두고 성도의 삶을 방종으로 유도하는 왜곡된 가르침이라고 부당성을 지적하기 도합니다. 그러나 성경은 그렇지 않다고 역설합니다. 은혜를 더하려고 죄를 지을 수 없을 뿐 아니라 은혜의 왕 노릇하는 권세가 죄의 왕 노릇하는 권세를 넉넉히 제압하기 때문입니다.

11) '구원의 영원한 보증'으로 인해 결코 방종과 해이와 나태로 일관하지 않습니다. 오히려 무익한 종의 심정을 가지고 성령의 소욕을 좇아 행하는 삶이 강화됨으로 하나님과의 관계성이 날로 심화됩니다. 하나님과의 인격적인 교제와 교통이 날로 풍성해 집니다.

알미니안 (알미니우스 주의자들) 교리

1) 배경 : 화란신학교 교수였던 제임스 알미니우스(James Arminius 1560-1609)에 의해 기초한 교리입니다.

2) 내용 : 다섯 가지로 요약

(1) 자유의지 혹은 인간의 능력

▌ 이는 인간이 비록 타락으로 말미암아 영향을 받았지만 영적 선을 행할 수 없을 정도로 완전히 무능해진 것은 아닙니다. 따라서 자력으로 구원에 이를 수 있다는 주장입니다.

(2) 조건적 선택

▌ 소위 예지에 의한 예정교리로써 구원받고 싶어하는 자들을 하나님께서 미리 아시고 그들을 선택하시기로 예정하셨다는 주장입니다. 이는 복음에 반응해 믿고자 하는 인간의 의지가 하나님 예정에 선행된다고 보는 견해입니다.

(3) 보편적 구속 혹은 일반적 속죄

▌이는 그리스도께서 모든 인간을 결국은 구원하시기 위해 대속적으로 돌아가셨다는 주장입니다. 그래서 비록 죄 값으로 지옥에 떨어지는 영혼이 있을지언정 종래에는 하나님의 사랑이 모든 인류를 구원에 이르시게 하신다는 견해입니다.

(4) 중생에 있어 성령의 역사는 인간의지에 제한을 받음

▌이는 성령께서 사람을 그리스도께로 이끌기 위해 역사하실 때 인간의지에 의해 거부당할 수 있으며, 그 결과 성령의 뜻이 좌절될 수 있다는 주장입니다. 따라서 죄인인 인간이 자진해서 영생의 생명을 받고 싶어 하지 않는 한 성령은 생명을 줄 수 없다는 요지입니다.

(5) 은혜에서 떨어짐

▌이 주장은 구원받은 사람도 종국에 가서는 구원으로부터 떨어질 수 있다는 가르침입니다.

3) 결론

▌ 알미니안들의 이의 제기로 신학적인 논쟁이 일어나자 화란정부는 1618년 11월에 화란의 남부지역인 도르트에서 세계 각국의 대표 129명이 모여 이 문제를 갖고 회의를 시작했습니다.

이 회의는 이듬 해인 1619년 5월까지 약 7개월간에 걸쳐 무려 154회에 이르는 마라톤 회의를 거듭한 끝에 알미니안주의자들에 의해 제기된 조항들이 성경의 내용과 일치하지 않는다는 사실에 의견을 모으게 되었습니다.

동시에 종교개혁을 통해 매우 명백히 제시되었고, 프랑스 신학자인 존 칼빈에 의해 체계적으로 형성된 개혁주의 교리적 입장을 재확인한 도르트 대회는 알미니안들의 체계에 대결하기 위한 칼빈주의의 다섯가지 요점을 공식화하기에 이르렀습니다. 이렇게 해서 나온 것이 소위 칼빈주의 5대 교리입니다. 특별히 이들 내용은 '구원의 도리'에 집중해 연관되어 있음이 특징입니다.

칼빈주의 5대 교리의 영문자의 첫 글자를 따서 TULIP(튜립)교리라고도 부릅니다.

TULIP교리와 알미니안 교리

(1) 전적 타락 (Total Depravity) ↔ 자유의지 혹은 인간의 능력

(2) 무조건적 선택(Unconditional Election) ↔ 조건적 선택

(3) 제한 속죄(Limited Atonement) ↔ 보편적 구속 혹은 일반적 속죄

(4) 불가항력적 은혜(Irresistible Grace) ↔ 중생에 있어서 성령의 역사는 인간의지에 제한을 받음

(5) 성도의 견인교리(Perseverance of the Saints) ↔ 은혜에서 떨어짐

제5단원
성경 66권 공부

1. 책명
2. 저자
3. 기록연대
4. 장수
5. 주제
6. 목적
7. 내용
8. 장 구분
9. 주요인물

성경 66권 공부에 대하여

1) 성경공부를 하려면 우선 먼저 숲(전체)을 보고 나무(세부)를 보아야 하며 그리고 나무를 본 후 다시 숲을 그려야 합니다. 즉, 숲과 나무를 번갈아가며 공부해야 성경을 종합적으로 이해할 수 있습니다.

▮ 단어 - 절 - 문단 - 장 - 권 - 신, 구약전서 - 성경 전체

―――――――――――▶ (종합적)

◀――――――――――― (분석적)

2) 성경 각 권에 대해 기본적으로 알아야 할 내용을 요약한 것이므로 성경을 통독하면서 참고하시면 많은 도움이 됩니다.

▮ 내용상 일부 이견(설)이 있을 수 있으나 보다 큰 틀에서 이해하십시오.

3) 성경 66권에 대한 참고문헌(주석 등)을 구입하여 공부하시면 날로 말씀이 새롭게 깨닫게 되며 신앙이 성장하게 됩니다.

4) 성경을 반복해서 읽을 때마다 성령님께서 더 깊은 진리를 깨닫도록 역사해주심을 경험하게 됩니다. 그러므로 늘 말씀과 기도를 병행하십시오.

구 약

1. 율법서 : 창, 출, 레, 민, 신
(5권)

2. 역사서 : 수, 삿, 룻, 삼상, 삼하,
(12권) 왕상, 왕하, 대상, 대하,
스, 느, 에

3. 시가서 : 욥, 시, 잠, 전, 아
(5권)

4. 선지서 : 1) 대선지서 : 사, 렘, 애, 겔, 단
(17권) (5권)
2) 소선지서 : 호, 욜, 암, 옵, 욘
(12권) 미, 나, 합, 습, 학
슥, 말

1. 창세기(Genesis)

1) **책명** Genesis는 '시작', '기원', '시초', '태초'의 의미

히브리어 성경의 표제는 '베레쉬트'로 '시초에' '태초에'의 의미

70인 역본에는 '제네시스'로 '기원', '출생'의 의미

2) **저자** 모세

3) **기록연대** BC 1450~1400년 경

4) **장수** 50장

5) **주제** 천지만물의 시작, 구속사역의 시작, 히브리민족의 기원, 시작의 책

6) **목적** 창조주 하나님만이 인간이 예배하고 섬기는 유일한 분이시며 아담과 하와의 타락이후 여자의 후손인 예수 그리스도를 통해 인류를 구원하시려는 계획을 보여 주시기 위해 기록함

7) **내용** (1) '천지만물의 시작'과 '구속사역의 시작'을 보여주며 하나님이 모든 것을 직접 창조하셨으며 인류의 시작과 초창기의 역사를 기록함

(2) 온 우주가 하나님의 통치아래 있으며 하나님은 살아계시며 죄로 인해 죽을 수밖에 없었던 인류를 구원하시기 위해 이스라엘 민족을 택하시고 그 중 특정한 인물을 택하셔서 그들과 언약을 맺으시고 그 언약을 이루고 계심을 보여줌

(3) 창세로부터 요셉까지의 약 2000년간의 역사를 기록한 책임, 만물의 창조주이신 하나님께서 자기형상을 따라 사람을 창조하셨으나 타락한 인간을 위해 한 민족을 선택하셔서 타락한 인류를 구속하시는 하나님에 관한 이야기임

(4) 창조와 인간의 불순종과 그로 말미암은 비극적인 결과와 아브라함과 그의 자손들을 선택하신 하나님의 구속 이야기

(5) 하나님의 언약들과 하나님께서 열방을 복 주실 통로로 한 민족을 선택하심

(6) 우리와 언약을 맺은 분이 어떤 분이신가를 나타냄

8) 장 구분 1장~11장: 원역사(창조–타락–홍수심판–인구분산)

– 인류의 시작(역사적)

12장~50장: 아브라함의 후손역사

(4족장 역사–아브라함, 이삭, 야곱, 요셉)

– 히브리 민족의 시작(전기적)

9) 주요인물 아담, 하와, 가인, 아벨, 에녹, 노아, 아브라함, 사라, 롯, 이삭, 리브가, 야곱, 레아, 라헬, 에서, 라반, 요셉, 하갈, 이스마엘.

2. 출애굽기(Exodus)

1) **책명** Exodus는 '나감', '출발', '탈출'의 의미

히브리어 성경의 표제는 '웨엘레 쉐모트'로 '그리고 이것들은...그 이름들이다'의 의미

70인 역본에는 '엑소더스'로 '나감', '출발', '탈출'의 의미

애굽(이집트) 탈출기

2) **저자** 모세

3) **기록연대** BC 1450~1400년 경

4) **장수** 40장

5) **주제** 히브리 민족과의 언약, 구속하시는 하나님, 해방

6) **목적** 출애굽을 통해 택하신 백성을 구속하시는 하나님의 주권과 은혜를 알게하며 율법을 기억하고 하나님을 왕으로 섬기는 신정국가로 출범하기 위해 기록함

7) **내용** (1) 이스라엘이 큰 민족을 이루고 애굽의 노예생활에서 벗어난 사건을 다루고 있으며 하나님은 그들을 성별된 백성으로 삼으시고자 율법과 성막을 제시해 주심

(2) 애굽의 노예생활에서 이스라엘 백성을 구원하시는 과정을 통해 하나님이 역사의 주인이시며 구원자이심을 보여주고 하나님의 백성은 율법대로 살아야 한다고 말씀하심

(3) 애굽에서 노예생활(종살이)하던 이스라엘 민족을 하나

님께서 모세를 통하여 구출하셔서 그들의 조상들에게 약속하셨던 '가나안 땅'으로 인도하시기 위해 시내광야로 이동하는 과정을 기록한 책임

(4) 애굽에서 구출되는 이스라엘 민족이 율법을 통해 한 민족으로 구성되고 하나님께서 임재하시는 장소인 성막과 관련된 규정과 성막건축

(5) 하나님을 원망하고 반역하는 이스라엘 백성을 향한 하나님의 심판과 자비

(6) 하나님께서 이스라엘 민족을 종노릇하는 상태에서 구원하시고 그들에게 율법을 주심으로써 자신이 임재하는 백성으로 삼으셨다는 것임

(7) 하나님이 아브라함의 자손을 다루시는 이야기(약속의 땅 가나안을 향해 한걸음씩 인도)

8) 장 구분 1장~4장: 지도자 모세를 준비 – 노예

5장~18장: 애굽에 이주한지 430년 만에 구출 – 구속

19~24장: 계약을 맺음(언약) – 교훈

25~40장: 성막 지음(하나님을 섬김) – 교훈

9) 주요인물 모세, 바로(애굽의 왕), 미리암(모세의 누이), 이드로(모세의 장인), 아론(모세의 형), 여호수아(모세의 후계자)

3. 레위기(Leviticus)

1) **책명** Leviticus는 '레위에게 속한', '그가 부르셨다'의 의미

히브리어 성경의 표제는 '와이크라'로 '그리고 그가 부르셨다'의 의미

70인 역본에는 '레비티콘'으로 '레위에게 속한'의 의미

야곱의 셋째아들 '레위'의 자손들이 제사장 임무를 맡아 그들의 이름을 붙임

2) **저자** 모세

3) **기록연대** BC 1450~1400년 경

4) **장수** 27장

5) **주제** 히브리민족의 율법, 거룩, 예배규정, 제사규정

내가 거룩하니 너희도 거룩 하라는 것을 교육하심

6) **목적** 제사와 정결의식을 통해 거룩하신 하나님과 교제하도록 하며 레위지파 제사장들을 가르쳐 모든 백성이 하나님을 바르게 예배하고 거룩하게 살아가기 위해 기록함

7) **내용** (1) 죄 많은 인간이 어떻게 거룩하신 하나님 앞에 나아가며 그분 안에서 어떻게 행해야 하는지 설명하고 있으며 특히 '거룩'과 '속죄'라는 단어가 많이 등장함

(2) 음식과 제사의식을 통해 다른 민족들과의 구별을 강조하고 있는데 이는 육신과 영혼이 모두 깨끗하기를 원하기 때문임, 또한 희생제물을 통하여 자신을 하나님께 드려야 함을 암시하는데 이는 그리스도께서 십자가에

죽으실 것을 예표한 것임

(3) 레위기는 이스라엘 민족이 어떻게 거룩한 하나님을 예배하고 섬기며 순종할 수 있는지를 보여주는 하나님께서 구속받은 당신의 백성을 위한 거룩한 지침서임.

(4) 이스라엘 사람들이 거룩하게 되는 방법과 진정으로 하나님께 받아드려질 수 있는 방법과 그리고 서로 올바른 관계를 유지하는 방법에 관한 지침들을 제시하고 있음

(5) 하나님 앞에서의 성결과 이웃 사랑에 관한 여러 가지 법, 레위인들의 제사직무에 관한 법과 희생제사, 제의적 정결, 사회적 의무에 관한 법

(6) 구속받은 백성이 지켜야할 율법을 기록한 책임

(7) 착하고 의롭고 정직하고 거룩하게 구별되는 원리를 설명한 책임

(8) 제일 먼저 기록한 책, 구약의 핵심, 오경의 중심

(9) 시내산 언약, 율법, 계명, 율례, 법도를 지켜야함

8) 장 구분 1장~17장: 하나님께 합당히 나아가기 위한 규례(법)
– 하나님께 나아감
18장~27장: 하나님과의 계속적인 교제를 위한 규례(법)
– 하나님과 동행함

9) 주요인물 모세, 아론, 나답, 아비후, 엘르아살, 이다말

4. 민수기(Numbers)

1) **책명** Numbers는 '숫자들'의 의미

히브리어 성경의 표제는 '베미드바르'로 '광야에서'의 의미

70인 역본에는 '아리드모이'로 '숫자들'의 의미

숫자라는 의미는 인구조사에서 유래한 명칭

광야 방랑기, '광야에서'

2) **저자** 모세

3) **기록연대** BC 1450~1400년 경

4) **장수** 36장

5) **주제** 약속의 땅으로 감, 훈련하시는 하나님, 유대의 인구조사, 순종

6) **목적** 광야 40년의 생활이 하나님의 말씀에 순종하는 법을 배우게 하려는 사랑의 훈련과정임을 알게 하려는 것과 또한 하나님의 백성의 삶은 광야 같은 이 세상에서 끝나는 것이 아니라 미래의 영광스러운 가나안을 소망하는 삶임을 일깨우기 위해 기록함

7) **내용** (1) 이스라엘 백성이 약속의 땅 가나안을 차지하기까지 광야에서 유랑하던 때의 역사를 기록했으며 그들은 하나님의 인도와 은혜에도 불구하고 무수한 반역을 행하였기에 광야에서 유랑하며 생을 마쳐야 했음

(2) 하나님의 백성이라 할지라도 죄에 대해서는 반드시 그 대가를 치르고 형벌을 받게 된다는 사실과 하나님이 놀라

운 은혜로 다시 백성을 사랑하신다는 사실을 일깨워 줌

(3) 민수기는 구세대로부터 시작하여 비극적인 전환기를 거쳐 이제 가나안의 문턱에 도달한 신세대의 이야기로 끝나고 있음

(4) 민수기는 두 세대의 이야기(1장~14장, 21장~36장), 두 번의 인구조사(1장, 26장), 약속의 땅의 축복을 향유하기 위한 두 번의 교훈(5장~9장, 28장~36장)에 대한 내용을 담고 있음

(5) 이스라엘 백성이 시내산에서 출발하여 요단강 동편의 모압평지까지 가는 동안 광야에서 생활한 것을 기록함

(6) 이스라엘 백성의 훈련일지(훈련내용: 레위기)

(7) 훈련받은 백성의 기본적인 자세: 순종과 복종

(8) 인구조사: 시내산: 603,550명, 모압평지: 601,730명

8) 장 구분 1장~10:11: 구세대(시내산), 20일, 출애굽 1세대

10:11~25장: 비극적 전환기(광야), 38년 3개월 10일, 출애굽 1세대

26장~36장: 신세대(모압평지), 약5개월, 출애굽 2세대

9) 주요인물 모세, 아론, 나답, 여호수아, 갈렙, 발락, 발람

5. 신명기 (Deuteronomy)

1) **책명** Deutronomy는 '제2의 율법', '율법의 반복', '이는 말씀들이다'의 의미
히브리어 성경의 표제는 '엘레 하데바림'으로 '이는 말씀들이다'의 의미
70인 역본에는 '듀테로노미온'으로 '제2의 율법', '율법의 반복'이라는 뜻
'두 번째 율법'의 의미, 모세의 고별설교

2) **저자** 모세

3) **기록연대** BC 1450 ~ 1400년 경

4) **장수** 34장

5) **주제** 히브리 민족의 율법, 교육하시는 하나님, '잊지 않도록 주의하라'가 핵심주제,
사랑(하나님, 이웃), 교육(설교)

6) **목적** 출애굽의 은혜와 율법에 미숙한 신세대가 가나안 입성을 위해 그들이 하나님 말씀에 순종하여 약속의 땅에서 거룩하고 성숙한 하나님의 백성으로 살아가기위해 기록함

7) **내용** (1) 가나안 입성 직전에 모세가 모압평지에서 했던 세 편의 설교를 중심으로 기록되었으며, 구세대는 광야에서 멸망했으므로 신세대에게 하나님의 법을 다시 들려줄 필요가 있었음
(2) 유일하신 하나님이 이스라엘과 특별한 관계를 맺고 있음

을 밝히고 하나님만이 유일신이며 하나님 이외에는 다른 신이 없으며 뿐만 아니라 하나님은 하늘과 땅을 지배하시며 사람과 언약을 맺으신 인격적인 하나님이심을 보여줌

(3) 신명기는 이스라엘의 지도자 모세가 120세 때 행한 일련의 고별 설교임, 이것은 약속의 땅을 차지하게 된 40년간 광야에서 태어난 신세대들에게 하나님의 율법을 다시 들려주는 책임

(4) 가나안 정복 직전에 이스라엘의 새로운 세대를 위한 설교임

(5) 하나님께서 지난 애굽에서의 문화와 관습에 물든 구세대는 아무리 좋은 훈련을 해도 불평, 불만, 거역, 불순종으로 인하여 광야에서 다 죽고 새로운 땅에는 새로운 세대가 들어가도록 하게 하심

(6) 신명기는 율법(레위기) 을 설명한 책으로, 모세의 고별 설교임

(7) 백성들의 끊임없는 반역에도 불구하고 하나님이 보여주신 사랑과 신실하심을 상기시키고 있지만 최종적인 주제는 하나님이 궁극적으로 그의 백성들과 더불어 승리하실 것이라는 소망에 관한 것임

(8) 훈련졸업설교(본문: 레위기, 설교: 신명기), 최초의 설교

8) 장 구분 1장~4:43: 첫 번째 설교(지난 40년간 하나님께서 하신 일을 회고/역사적)

4:44~26장: 두 번째 설교(율법을 다시설명/법적)

27장~34장: 세 번째 설교(모압평지에서 추가된 율법/예언적)

9) 주요인물 모세, 여호수아

6. 여호수아(Joshua)

1) **책명** 모세의 후계자인 '여호수아'의 이름을 딴 것
여호수아의 이름은 '여호와는 구원이시다, 여호와께서 구원하신다'라는 뜻
가나안 정복사

2) **저자** 사무엘, 여호수아(?)

3) **기록연대** BC 1050년 경

4) **장수** 24장

5) **주제** 가나안 땅의 정복, 약속의 땅 정복

6) **목적** 이스라엘 민족이 약속의 땅 가나안에 들어가 그 곳에 정착하는 과정을 보여 주기 위해 기록했으며 언약하신 것을 반드시 이루시는 하나님의 신실하심을 증거함으로써 이스라엘이 하나님의 언약을 굳게 믿고 그 분만을 섬기도록 교훈하기 위해 기록함

7) **내용** (1) 모세의 뒤를 이은 여호수아가 이스라엘의 지도자가 된 이후의 이야기로써 이스라엘 백성이 약속의 땅 가나안을 정복하고 각 지파에게 땅을 분배하여 그 땅에 정착하기까지의 과정을 기록함
(2) 하나님이 약속을 지키시는 신실한 분이심을 보여주며 또한 신자들은 믿음으로 하나님의 나라에 들어가야 한다고 말함
(3) 이스라엘 백성은 세 번의 전투(가나안 중부전투, 여리고 전투, 아이성 전투), 남부지방 전투, 북부지방 전투를 통

해 승리는 군사적이기 보다는 하나님에 대한 믿음과 말씀에 대한 순종을 통해서 만이 할 수 있다는 교훈을 배움

(4) 여호수아서의 전반부(1장~12장)은 7년여에 걸쳐 땅을 정복하는 것에 대해 기술하고 있고 후반부(13장~24장)는 12지파에게 땅의 분배와 그들의 정착에 대해 말하고 있음

(5) 거룩한 전쟁의 수행, 즉 하나님께서 우상을 섬기는 가나안 족속들을 자기 백성을 통해 하나하나 진멸하심, 하나님께서 자기 백성에게 가나안 땅을 선물로 주시고 이렇게 하여 족장들에게 주신 언약을 성취하심

(6) 약속의 땅 일부를 정복하고 분배하고 그곳에 정착함

(7) 여호수아서는 창세기에서 하나님께서 주신 땅에 대한 약속이 성취 되였음을 보여 주고 있음

(8) 전쟁은 하나님께 속한 것임

(9) 이스라엘에 의한 가나안 땅을 정복하고 아브라함을 '큰 민족'으로 만드시려는 하나님의 신실하심을 보여줌

8) 장 구분 1장~5장: 가나안땅에 들어감(준비)

6장~13:7: 가나안땅을 정복함(정복)

13:8~24장: 가나안땅을 나눔(땅 분배)

9) 주요인물 여호수아, 라합, 엘르아살

7. 사사기(Judges)

1) **책명** 사사기의 히브리어 성경표제는 쇼프팀(shophtim)으로 '재판관들', '심판관들'의 의미
왕이 존재하기 전 백성을 지도하던 지도자를 사시(Judge)라고 함
사사들의 통치

2) **저자** 사무엘

3) **기록연대** BC 1050년 경

4) **장수** 21장

5) **주제** 왕이 없음을 빙자해 이스라엘 백성들이 소견에 좋을 대로 행한 기사, 약 300년간 구약의 암흑시대로써 악순환이 반복되는 시대, 그러나 하나님께서는 그들이 구원을 호소할 때마다 계속해서 구원자를 세워주심

6) **목적** 왕이 없던 사사시대의 정치적, 도덕적, 종교적 암흑기 상황을 되짚어 보고 후세에게 교훈을 주기위해 기록하였으며 그리고 반복되는 죄의 악순환 속에서 인간의 나약함과 하나님의 신실하심을 대조적으로 보여주어 택하신 백성을 구원하시는 하나님의 손길을 강조하기 위해 기록함

7) **내용** (1) 사사기는 약 300년 동안 계속된 영적암흑기의 역사를 담고 있으며 이스라엘 백성이 죄를 범하면 징계하시고 돌이켜 회개하고 부르짖으면 사사를 통해 은혜 베푸시는 공의와 사랑의 하나님이 잘 나타나 있음

(2) 본서는 우상숭배의 죄에 대한 하나님의 징벌을 강조하고 있으며 사사시대에 하나님은 그 분의 백성을 구원하시기 위해 사사들을 세워 이스라엘을 보존하심

(3) 여호수아서에서는 순종하는 백성이 하나님의 능력을 신뢰하는 가운데 땅을 정복함. 그러나 사사기에서는 불순종하여 우상숭배하는 백성이 그들의 하나님에 대한 반역 때문에 거듭 패배함.

(4) 가나안 정복이 불완전한 결과, 이스라엘 백성이 하나님과 맺은 언약을 반복해서 어겼음에도 불구하고 계속해서 그들을 구출하시는 하나님

(5) 사사시대의 절망적인 상황과 지속적으로 진행된 이스라엘의 전반적 타락과 좋은 왕의 필요성

(6) 사사시대: 여호수아가 죽고 나서부터 사무엘 시대까지 (약 350년간)

(7) 신정통치시대의 이스라엘의 경험을 기록(이스라엘이 경험한 큰 실패들)

(8) 사사 = 쇼페팀 = 재판관 = 지도자

(9) '징계⇒심판⇒회개⇒구원'의 반복(7번 배신/7번 구원) ⇒실패의 역사

8) 장 구분 1장~3:4: 타락(악순환의 원인: 가나안인들과 함께 살다)
3:5~16장: 구원(악순환의 저주: 가나안인들과 전쟁)
17장~21장: 부패행위(악순환의 상황: 가나안인들 처럼 살다)

9) 주요인물 옷니엘, 에훗, 삼갈, 드보라, 기드온, 돌라, 야일, 입다, 입산, 엘론, 압돈, 삼손, 아비멜렉

8. 룻기(Ruth)

1) **책명** '룻'이란 이방여인의 이름을 딴 것. 룻의 이야기

2) **저자** 사무엘

3) **기록연대** BC 1000년 경

4) **장수** 4장

5) **주제** 다윗의 메시아 계보의 시작, 구속하시는 하나님, 기업을 무를 자

6) **목적** 예수님의 직계조상 다윗왕조가 이방 여인 룻과 연결됨을 보여줌으로써 유대인만의 하나님이 아닌 모든 민족의 하나님이심을 알게 하기 위해 기록했으며 또한 기업 무를 자 혹은 혈연 구속사 제도인 '고엘'을 통해 인류의 구속자가 되신 예수 그리스도의 중보사역을 이해시키기 위해 기록함

7) **내용** (1) 룻기는 사사시대의 이야기이지만 그 시대의 타락과는 대조되는 아름다운 이야기를 담고 있음. 룻은 시어머니를 잘 공경하여 믿음과 사랑으로 승리한 여인이었고 예수님의 직계조상이 되는 영광까지 얻었음

(2) 본서에는 하나님의 속성이 다양하게 기록되어 있음. 곧 하나님의 백성들을 먹이시고 자녀를 주시는 하나님에 대해 말하고 있으며 그리고 '구속하다'라는 말이 20여 차례 쓰였는데 본서의 핵심단어임. 또한 하나님을 사랑하는 자녀들에게 은혜를 베푸신다는 사실을 보여주고 있음.

① 기근으로 약속의 땅을 떠나는 엘라멜렉과 약속의 땅

을 지키는 보아스

② 모압 땅으로 돌아가는 육적인 오르바와 어머니 땅을 따라가는 영적인 룻

③ 기업 무를 권리를 포기하는 무명의 근족과 기업을 되찾아 주는 보아스

(3) 룻기는 부도덕과 우상숭배와 전쟁으로 얼룩진 사사시대에 과부 시어머니와 베들레헴에서 함께 살기위해 고향을 버린 모압의 과부 여인 룻의 삶을 기록하고 있음

(4) 하나님께서는 룻의 헌신을 귀하게 보셔서 그녀의 가까운 친족인 보아스를 남편으로 얻게 되었으며 보아스는 다윗왕의 증조부가 되었고 다윗왕을 통해 마침내 그리스도께서 오셨음.

(5) 여호와께 돌아온 이방여인을 환대함과 이스라엘에 위대한 왕을 주시는 하나님의 통치적 돌보심

(6) 사사시대에 여호와께 충성한 여인인 룻의 이야기

(7) 동시에 다윗의 계보를 제시함

(8) 신정기간 중에 경건한 사람들이 있었음을 보여줌

8) 장 구분 1장~2장: 룻과 나오미(가족의 죽음, 룻이 나오미를 돌봄)

3장~4장: 룻과 보아스(보아스가 룻을 돌봄, 가족의 탄생)

9) 주요인물 나오미, 룻, 보아스, 오벳, 이새, 다윗

가족: 엘레멜렉과 나오미 부부

장남: 기룐과 오르바 부부

차남: 말론과 룻 부부

9. 사무엘상(1 Samuel)

1) **책명** 이스라엘의 지도자 사무엘의 이름을 딴 것. 왕국의 건설Ⅰ.

2) **저자** 사무엘 +α

3) **기록연대** BC 1000~950년 경

4) **장수** 31장

5) **주제** 왕국의 성립. 기도를 들으시는 하나님
사사시대에서 왕정시대로 전환

6) **목적** 사무엘이 기름 부은 사울과 다윗을 통하여 이스라엘 왕정설립 과정과 발전을 보여주고 있으며 불완전한 이스라엘 왕국은 장차 임할 메시아 왕국의 그림자로 하나님의 구속자적인 섭리 하에 그 역사가 진행되고 있음을 보여주기 위해 기록함

7) **내용** (1) 사무엘은 사사시대와 왕정시대를 연결하는 인물로 최후의 사사이며 최초의 선지자로서 본서는 사사시대 말기부터 시작해서 사울왕의 비참한 종말로 막을 내림

(2) 본서는 하나님을 신뢰하지 않고 인간 왕을 세우고자 하는 인간의 죄성을 그대로 드러내며 또한 교만한 희생제사보다 겸손한 순종이 얼마나 중요한지 가르쳐 주고 있음

(3) 이스라엘의 마지막 사사인 사무엘과 초대왕인 사울, 제2대 왕인 다윗에 대하여 이야기하고 있음

(4) 이스라엘의 정치형태가 신정(하나님께서 직접 통치하시는 것)에서 왕정(왕이 통치하는 것)으로 바뀌고 있음을 보여줌

(5) 이스라엘의 왕정 시작, 하나님의 임재를 나타내는 언약궤, 다윗성으로 선택된 예루살렘

(6) 마지막 사사 사무엘에서 초대왕 사울까지의 과도기와 다윗의 등장과 사울의 수치스러운 죽음

(7) 이스라엘이 신정을 떠나 왕정으로 들어가는 큰 전환점을 기록함

(8) 제사장 엘리, 사사 겸 선견자 사무엘, 사울왕, 다윗왕의 생애를 다룸

8) 장 구분 1장~7장: 엘리와 사무엘의 이야기

8장~15장: 사울의 이야기

16장~31장: 다윗의 젊은 날의 이야기

9) 주요인물 한나, 사무엘, 아비나답, 엘리, 사울, 요나단, 다윗, 골리앗

10. 사무엘하(2 Samuel)

1) **책명** 이스라엘의 지도자 사무엘의 이름을 딴 것. 왕국의 건설Ⅱ.

2) **저자** 사무엘 + α

3) **기록연대** BC 1000~950년 경

4) **장수** 24장

5) **주제** 다윗의 생애, 다윗의 통치(초기, 중기, 말기의 역사를 다룸)
다윗의 전 생애

6) **목적** 다윗 왕국은 장차 임할 메시아 왕국의 그림자이며 하나님의 구속사적인 섭리 하에 그 역사가 진행되고 있음을 보여주기 위해 기록함

7) **내용** (1) 본서는 다윗의 즉위에서 시작해서 그의 통치 하에서 이스라엘 왕정체제가 확고히 자리잡는 과정을 담고 있으며 하나님은 다윗의 왕위가 영원히 견고하리라고 약속해 주심

(2) 본서는 사람이 큰 죄를 지었어도 회개하면 하나님이 용서하신다는 사실을 보여주는 동시에 죄의 대가는 반드시 치르게 된다는 사실을 주지시키고 있음. 또한 하나님은 한 개인을 성장시켜 그 분의 뜻을 이루는 도구로써 사용하신다는 것을 보여줌

(3) 사울왕의 시대는 막을 내리고 다윗왕국의 전개와 몰락 과정을 보여줌

(4) 유다왕과 이스라엘의 왕이 된 다윗왕의 통치 이야기와

다윗왕의 범죄

(5) 메시아에 대한 약속을 내포한 다윗언약, 다윗의 간음과 그 결과

(6) 믿음의 사람이었던 다윗왕의 이야기를 통해서 이스라엘의 왕정시대에 전개된 하나님의 이야기

(7) 다윗과 맺은 하나님의 언약은 마침내 다윗의 진정한 후손인 나사렛 예수 안에서 성취됨

(8) 이스라엘의 왕정발전에 대한 이야기를 계속함

8) 장 구분 1장~10장: 순종(다윗의 승리들/성공)

11장: 불순종(다윗의 범죄들/죄)

12장~24장: 심판(다윗의 환란들/실패)

9) 주요인물 다윗, 이스보셋, 오벧에돔, 아브넬, 므비보셋, 밧세바, 다말, 압살롬

11. 열왕기상(1 Kings)

1) **책명** 히브리어 성경에는 열왕기 상하를 '멜라킴(melakhim)'으로 '왕들'을 의미
'왕국 분열 이후 역대 왕들의 처세에 관한 이야기'를 의미
왕들의 통치 I

2) **저자** 에스라(예레미야?)

3) **기록연대** BC 562~536년 경

4) **장수** 22장

5) **주제** 왕국의 분열, 이스라엘 여러 왕들과 선지자들의 이야기가 기록됨. 주로 솔로몬왕의 이야기 기록

6) **목적** 국가와 개인의 흥망성쇠는 하나님의 말씀에 대한 순종여부에 달려 있음을 보여주며, 다윗에게 주셨던 언약을 신실하게 성취하신 사실을 보여주기 위함

7) **내용** (1) 본서는 다윗의 죽음과 솔로몬의 영광스러운 통치로 시작하나 우상숭배로 인해 그가 죽은 뒤 이스라엘은 남북으로 갈라짐
(2) 본서는 하나님이 이스라엘과 맺으신 언약을 신실하게 지키시는 분이심을 보여주며 하나님은 인간의 불순종과 죄악에도 불구하고 그 분의 약속을 신실하게 이루심
(3) 솔로몬은 왕위를 계승하고 하나님의 지혜를 간구하며 성전을 건축하였지만 백성에게 무거운 세금과 강제노력을 시켰으며 많은 이교도 왕비를 두어 우상숭배를 허용

하고 불순종으로 이스라엘의 분열을 초래함

(4) 다윗 이후, 남유다와 북이스라엘의 여러 왕들에 관한 기록, 특히 이스라엘 역사상 가장 지혜롭고 부유했던 다윗왕의 아들 솔로몬왕의 이야기가 기록되어 있음

(5) 솔로몬의 통치에서부터 이스라엘 왕정이 점차 몰락하고 궁극적으로 분열되고 반역이 일어남

(6) 솔로몬왕의 통치에서 시작하여 이스라엘이 여호와께 불순종한 결과 약속의 땅에서 쫓겨났으며 북이스라엘(북왕국)과 남유다(남왕국)로 분열되고 내전이 일어남

(7) 솔로몬 왕국의 번영(잠언 3,000을 지었고 노래 1,005곡을 지었음)

(8) 분열왕국의 원인은 솔로몬왕의 범죄임
- 북이스라엘의 멸망 원인은 여로보암의 범죄임
- 남유다의 멸망 원인은 므낫세의 범죄임

(9) 솔로몬 성전이 완성됨(7년 소요)

(10) 솔로몬 궁 건축(13년 소요): 솔로몬 성전의 4배 정도 크기

8) 장 구분 1장~11장: 통일왕국(솔로몬)/안정속의 왕국
12장~22장: 분열왕국(많은 왕)/혼란속의 많은 왕국

9) 주요인물 솔로몬, 르호보암, 여로보암, 엘리야, 아합, 나봇, 나발

12. 열왕기하(2 Kings)

1) **책명** 히브리 성경에는 열왕기 상하를 '멜라킴(melakhim)'으로 '왕들'을 의미
'열왕기 상'의 연속이라는 의미
왕들의 통치II

2) **저자** 에스라(예레미야?)

3) **기록연대** BC 562~536년 경

4) **장수** 25장

5) **주제** 분열된 왕국의 역사. 포로가 된 이스라엘과 유다.

6) **목적** 국가와 개인의 흥망성쇠는 하나님의 말씀에 대한 순종여부에 달려있음을 보여주기 위해 또한 인간왕국의 유한성을 깨닫고 영원한 메시아 왕국을 대망하도록 하기 위해 기록함

7) **내용** (1) 본서는 열왕기상에 이어 남북열왕의 역사를 선지자적 관점에서 기록하고 있으며 우상숭배는 계속되고 북이스라엘과 남유다는 결국 각각 앗수르와 바벨론의 포로가 됨
(2) 본서는 하나님의 백성이 우상숭배를 하면 하나님의 심판을 받는다는 사실을 보여주며 또한 하나님은 사랑하시는 자를 결코 버리지 않으신다는 사실을 가르쳐 줌
(3) 남유다와 북이스라엘의 여러 왕들에 관한 이야기
(4) 엘리야 선지자와 엘리사 선지자 시대의 이야기가 기록되어 있음
(5) 왕정이 몰락하고 해체되면서 마침내 약속의 땅에서 쫓

겨나기까지 하게 됨

(6) 이스라엘과 유다를 멸망시킨 초강대국들의 등장과 이스라엘 민족을 위해 하나님을 대변하는 선지자들의 역할

(7) 하나님께서 지기백성을 버리신 것이 아니라 왕들의 잘못된 통치 때문에 하나님의 백성이 하나님을 버렸음

(8) 여호와께 돌아오는 자들은 다시 귀환하게 될 것이라는 약속도 제시되었음

8) 장 구분 1장~17장: 분열왕국(이스라엘과 유다), 아하시야로부터 호세아까지/이스라엘이 앗수르에 포로로 잡혀감

18장~25장: 잔존왕국(유다), 히스기야로부터 시드기야까지/유다가 바벨론에 포로로 잡혀감

9) 주요인물 엘리야, 엘리사, 아하시야, 예후, 아달랴, 요아스, 아하스, 히스기야, 이사야, 므낫세, 시드기야, 요시야

13. 역대상(1 Chronicles)

1) **책명** 히브리어 성경은 역대상하를 '디브레 하야밈'으로 '그 날들의 말씀들'의 의미

라틴어 번역본에서 '크로니코룸 리베르'으로 '거룩한 역사의 연대기'의 의미

역사기록 혹은 연대기의 의미

이스라엘의 역사 I

2) **저자** 에스라(예레미야?)

3) **기록연대** BC 450년 경

4) **장수** 29장

5) **주제** 주로 다윗의 통치, 사무엘하에 대한 주석

6) **목적** 포로에서 돌아온 이스라엘이 믿음을 보전하고 다윗시대에 구가했던 신정체제를 속히 재건하고 율법의 확립과 성전제사 제도의 회복을 위해 기록함

7) **내용** (1) 본서는 아담에서 포로기까지의 족보를 언급한 후 다윗의 즉위에서 죽음까지의 역사를 기록하고 열왕기서는 남북왕조의 모두를 다루지만 역대기는 제사장적 관점에서 유다왕조만을 다룸

(2) 본서는 하나님이 약속을 잊지 않으시고 반드시 지키시며 이루신다는 것을 보여주며 이스라엘 백성이 실망과 위기와 좌절감에 빠져 있을 때 하나님은 그분의 약속을 기억하시고 소망을 주시며 그들의 삶 속에서 말씀을 통

해 역사하심

(3) 사무엘하의 내용과 거의 유사함, 다만 정치문제보다는 개인의 신상문제에 초점을 맞추고 있음

(4) 포로기 이후에 긍정적인 관점에서 기록한 유다왕들의 역사로써 성전과 성전예배를 강조함

(5) 서두의 족보는 아담까지 거슬러 올라가지만 다윗에서 고레스칙령까지의 유다왕국의 역사를 다룸

(6) 포로 이후 회복의 시대를 사는 백성들의 모범으로 제시된 다윗왕의 충성, 넘치는 기쁨과 찬양과 함께 마음으로 드리는 참된 예배

(7) 바벨론 포로생활의 어려움을 격고난 사람들을 격려하고 힘을 돋우기 위해 기록

(8) 바벨론 포로 귀환 후 하나님 나라의 재건을 소망하며 아담부터 바사왕 고레스칙령까지의 재건의 역사를 정리한 책임

(9) 긍정적 관점, 주로 다윗의 통치, 아담부터 다윗까지의 역사를 기록

8) 장 구분 1장~9장: 다윗의 왕족에 초점을 맞춘 계보(계보/조상)
10장~29장: 다윗의 통치(역사/업적)

9) 주요인물 다윗, 솔로몬, 오벧에돔

14. 역대하(2 Chronicles)

1) **책명** '역대상' 이야기의 연속을 의미함. 이스라엘의 역사II

2) **저자** 에스라(예레미야?)

3) **기록연대** BC 450년 경

4) **장수** 36장

5) **주제** 주로 솔로몬의 통치. 열왕기에 대한 주석

6) **목적** 포로생활을 경험한 상황에서 율법의 확립과 성전제사제도의 회복을 통해 말씀에 순종하는 삶을 살도록 하기 위해 기록함

7) **내용** (1) 본서는 솔로몬으로부터 시드기야에 이르는 유다왕조의 역사를 기록하고 있으며 왕들 가운데는 '하나님 보시기에' 정직하게 행한 왕도 있었지만 그렇지 않은 왕도 많았음

(2) 본서는 하나님이 죄를 미워하신다는 사실을 보여주고 있으며 이는 악한 왕들에 대한 징벌과 죄 지은 이스라엘의 포로생활을 통해서 알 수 있음. 또한 본서는 성전건축을 포함한 어떠한 계획도 하나님의 도움없이는 불가능하다는 사실을 알려주고 있음

(3) 솔로몬의 통치에서 바벨론 포로에 이르기까지 이스라엘 역사에 대해 자세히 기록하고 있음

(4) 순종에 따른 하나님의 축복과 안식, 그리고 불순종에 따른 형벌(징계)

(5) 역대기서는 하나님의 백성에 관한 이야기를 다시 진술함으로써 우리에게 예배의 중심역할을 일깨워줌

(6) 역대기서는 포로기 이후 유대인들에게 정확한 역사적 사실을 알려주고 그들의 유산과 소명을 깨닫게 하기위해 기록함

8) 장 구분 1장~9장: 솔로몬의 통치(성전이 건축됨/영광/위업)

10장~36장: 유다 여러 왕들의 통치(성전이 파괴됨/재난)

9) 주요인물 솔로몬, 르호보암, 아비야, 아사, 여호사밧, 요아스, 아마샤, 웃시아, 요담, 아하스, 히스기야, 므낫세, 아몬, 요시야, 여호야긴, 시드기야, 고레스

15. 에스라(Ezra)

1) **책명** '에스라'는 이 책의 등장인물 이름. 에스라의 이야기
히브리어 성경과 70인 역본은 에스라서와 느헤미야서를 한 권으로 보고 '에스라'라 칭했다. 라틴어 번역본에서 두 권으로 분리함

2) **저자** 에스라

3) **기록연대** BC 456~444년 경

4) **장수** 10장

5) **주제** 포로에서 돌아옴. 성전의 재건

6) **목적** 예루살렘 성전과 성벽재건에 관한 내용으로써 하나님 나라를 위해 해야 할 일이 무엇인지 알게 하기 위해 기록했으며 또한 선지자를 통한 예언대로 남은 자를 보전하시는 하나님의 주권적 섭리를 증거하기 위함

7) **내용** (1) 70년간의 포로생활 이후 이스라엘은 스룹바벨과 에스라의 지도하에 예루살렘으로 귀환했으며 본서 전반부는 포로귀환과 성전건축 이야기를 후반부는 2차포로 귀환과 신앙회복을 다루고 있음

(2) 본서는 하나님이 그의 자녀들을 돌보시고 지키시며 약속을 지키시는 분임을 보여주며 그러나 죄에 대해서는 반드시 그에 해당하는 형벌을 받게 된다는 사실도 가르치고 있음

(3) 이스라엘이 포로생활을 마치고 귀환하는 이야기와 예루

살렘 성전을 재건축하는 이야기가 기록되어 있음

(4) 포로기 이후의 유다에서 진행된 재건과 개혁

(5) 사마리아인들의 성전건축 방해에도 불구하고 성공적으로 이룬 두 번째 성전건축, 에스라와 이스라엘 백성들의 회개기도와 영적회복

(6) 유대민족을 그들의 땅에 재 정착시키는 일에 대한 하나님의 신실성을 기록함

(7) 에스라: 제사장 아론의 16대손으로 율법에 익숙한 학사 겸 제사장이고 유대인의 3대 랍비 중 한 사람

(8) 유대인의 3대 랍비: 에스라, 힐렐, 가마리엘

8) 장 구분 1장~2장: 예루살렘으로 첫 번째 귀환(49,897명)(스룹바벨)

3장~6장: 성전건축(스룹바벨)

7장~8장: 예루살렘으로 두 번째 귀환(1,754명)(에스라)

9장~10장: 백성들의 영적회복(에스라)

9) 주요인물 고레스, 아닥사스다, 다리오, 스룹바벨, 에스라

16. 느헤미야(Nehemiah)

1) **책명** '느헤미야'는 이 책의 등장인물 이름, 느헤미야의 이야기

2) **저자** 느헤미야

3) **기록연대** BC 445~425년 경

4) **장수** 13장

5) **주제** 예루살렘의 재건, 성벽의 재건

6) **목적** 원수들의 온갖 방해에도 불구하고 52일 만에 예루살렘 성벽을 재건한 것은 이스라엘을 향한 하나님의 특별한 섭리였음을 증거하기 위해 기록했으며 또한 이스라엘 백성의 영적각성을 촉구하고 신앙부흥을 도모하기 위해 기록함

7) **내용** (1) 포로지에서 왕의 술관원으로 섬기던 느헤미야는 세 번째이자 마지막인 포로귀환을 이끌었으며, 본서는 '성벽재건'과 '영적부흥'이라는 두 개의 큰 주제를 다루고 있음

(2) 본서는 하나님이 포로로 끌려간 이스라엘 백성을 약속하신대로 구원하시며, 이 방의 왕들도 그 분의 뜻을 이루는 수단으로 사용하시고, 그 분이 세우신 자들을 통해 그 분의 뜻을 이루신다는 것을 보여주며 또한 하나님이 백성의 성결을 원하신다는 것을 볼 수 있음

(3) 느헤미야가 포로생활에서 귀환하여 예루살렘 성벽을 재건함

(4) 방해공작을 극복하고 성공적으로 완수한 예루살렘 성벽의 재건, 에스라의 율법낭독과 이스라엘 백성의 회개,

정화, 부흥운동, 이방인과 통혼금지

(5) 그 당시에는 적의 위협으로부터 자신을 지키기 위해 도시를 언덕위에 건설함

(6) 느헤미야는 최고의 애국자이며 아닥사스다왕의 특별한 신임을 받아 술맡은 관원이었음

(7) 형제 하나니로부터 예루살렘의 성문이 불탔다는 안타까운 소식을 듣고 금식한 후 왕에게 성벽재건을 허락받고 유다의 총독으로 임직받아 제3차 포로귀환을 이끌고 예루살렘에 와 성벽을 재건하고 에스라와 함께 말씀운동을 일으켰음(6대개혁)

(8) 경건한 지도자였던 느헤미야를 통해서 하나님이 역사하심을 보여줌

8) 장 구분 1장~2장: 성벽재건을 위한 준비(정치적/건설)

3장~7장: 성벽의 재건(정치적/건설)

8장~13장: 백성의 회복(영적/가르침)

9) 주요인물 느헤미야, 에스라

17. 에스더(Esther)

1) **책명** '에스더'는 이 책의 등장인물 이름

2) **저자** 모르드개

3) **기록연대** BC 465~424년 경

4) **장수** 10장

5) **주제** 유대인을 구출함. 전멸을 면한 이스라엘

6) **목적** 우연이 아닌 주권적 섭리로 역사를 주관하시는 하나님을 나타내기 위해 기록했으며 또한 부림절 역사의 유래와 의미를 후대에 전달하고 택하신 백성을 반드시 구원하시는 신실하심을 증거하기 위함

7) **내용** (1) 본서는 이스라엘이 민족의 위기 때에 어떻게 구원받았는지 말해주며 또한 유다인들이 수천년 동안 지켜오는 부림절의 기원이 담겨 있음

(2) 본서에는 하나님에 대한 언급이 없는데 이는 모든 사건의 배후에 관여 하신다는 사실을 암시하고 있으며, 하나님이 계시지 않는 듯이 보이는 세상 가운데서도 사실은 하나님이 임재해 계심을 말해줌

(3) 하나님은 택하신 백성을 온갖 위험으로부터 보호하셨으며, 변함없이 역사하시고 용서해주시며 이스라엘과 온 인류에 대한 더 큰 계획을 보여주심

(4) 에스더는 비록 소수민족인 이스라엘 출신이었지만 페르시아의 아하수에로 왕비 선발대회에 참가해 우승함, 그

덕택에 이스라엘 백성들이 위험에 처했을 때 에스더가 왕에게 간청할 기회를 얻어 이스라엘 민족을 구출한 이야기가 기록되어 있음

(5) 모르드개와 그의 조카인 에스더를 통해 바사제국 전역에 있는 유대인들을 보호하신 하나님의 섭리에 관한 이야기

(6) 학살음모에서 유대인들을 보호하신 하나님의 섭리, 유대인들이 살아남은 것을 기념하는 부림절

(7) 에스더는 바사제국에서 절망적인 상황에 처한 자기백성을 주권적으로 보호하시고 그들을 보존하신 하나님의 섭리에 관한 이야기

(8) 에스더는 1차 포로귀환과 2차 포로귀환 사이에 일어난 사건임

(9) 하나님의 백성들이 포로와 영적 빈곤상태에 있는 동안에도 하나님께서 섭리하시고 관심을 가지신다는 사실을 보여줌

(10) 하만(아말렉 족속 후손)과 모르드개(베냐민 족속 후손)사이에 숨가뿐 생존게임

8) 장 구분 1장~4장: 아하수에로가 베푼 잔치(심각한 위험)

5장~10장: 에스더가 베푼 잔치와 부림절 축제(위대한 구원)

9) 주요인물 아하수에로, 크세르크세스, 에스더, 모르드개, 하만, 와스디

18. 욥기(J0b)

1) **책명** 이야기의 등장인물 '욥'의 이름을 딴 것. 욥의 시련

2) **저자** 모세

3) **기록연대** BC 1500년 경

4) **장수** 42장

5) **주제** 고난의 문제. 여호와와 고난, 의와 고난

6) **목적** 고난도 하나님의 주권적 섭리 가운데 있는 것임을 알고, 순종의 삶을 살도록 하기 위해 기록했으며 또 다른 목적은 하나님을 아는 인간의 지식이나 인간의 의로운 행위에는 한계가 있음을 보여주기 위함

7) **내용** (1) 욥은 하루밤 사이에 모든 것을 잃어버렸으며 친구들이 욥을 찾아와 조언했으나 전혀 위로 받지 못했음. 하지만 고난을 당하면서도 하나님의 주권을 온전히 신뢰하게 됨

(2) 본서는 사단이 하나님의 권세 아래 있다는 것과 고난에 대해 말하고 있으며 삶 속에 부딪히는 고난은 죄로 인해서 오기도 하지만 우리의 신앙을 연단시키고 깨우쳐 하나님만을 의지하게 하기 위해서 하나님이 허락하시는 경우도 있음

(3) 욥은 의로운 사람이었으나 고난을 받았음, 욥의 이야기는 '의'와 '고난'이라는 까다로운 주제에 대해 심오한 교훈을 준 이야기가 기록되어 있음

(4) '어디서 지혜를 발견할 수 있는가?'라는 중요한 문제를 다루는 동시에 의인의 고난과 하나님의 공의에 대한 문제로 고민하는 이야기

(5) 지혜는 궁극적으로 하나님 안에서만 발견됨

(6) 인간의 지혜로는 하나님의 길을 측량할 수 없으므로 무고한 자가 당하는 고난의 문제도 쉽게 답할 수 없음

(7) 하나님을 경외하는 것이 참된 지혜에 이르는 길임

(8) 본서는 하나님을 경외했던 의로운 백성의 고난을 다루고 있으며 고난 속에 하나님을 깊이 알아가는 은혜가 얼마나 큰가를 보여줌

8) 장 구분 1장~2장: 욥의 곤경(갈등)

3장~37장: 욥의 논쟁(논쟁)

38장~42장: 욥의 구원(회개)

9) 주요인물 욥, 엘리바스, 빌닷, 소발, 엘리후

19. 시편(Psalms)

1) **책명** 히브리어 성경에 '세페르 테힐림'으로 '찬양의 책'의 의미
70인 역본에는 '프살모이'로 '시'로 칭했음
'노래' 혹은 '시'를 뜻함

2) **저자** 다윗(대부분), 아삽, 솔로몬, 고라자손, 모세 등

3) **기록연대** BC 1050~500년 경

4) **장수** 150편

5) **주제** 이스라엘 민족의 찬송시집, 기도서(찬양, 기도, 예배)

6) **목적** 삶에서 겪는 어려움을 하나님께 기도로 아뢰게 하고 하나님에 대한 찬양과 경배의 삶을 살도록 하기 위해 기록했으며 또한 공식예배나 개인 경건 생활에서 찬양과 기도의 모범으로 사용하도록 하기 위함

7) **내용** (1) 본서는 심오하고 아름다운 신앙적 체험을 노래하고 있으며, 시편에서 볼 수 있는 기쁨, 슬픔, 두려움, 참회, 감사, 찬미 등은 오늘 우리의 것이기도 함
(2) 본서는 구약의 모든 신학을 포함하고 있으며 그 가운데서도 두드러진 것은 우주의 주인이신 하나님이 그 분의 백성을 통치하실 것이라는 믿음임. 또한 의인과 악인의 대조를 통하여 하나님이 반드시 죄인을 멸하시고 의인을 돌보신다는 믿음을 강조하고 있으며 더불어 인간의 주인이신 하나님에 대한 찬양을 끊임없이 강조함
(3) 하나님에 대한 찬양, 예배, 고백으로 이루어진 시와 노래들로써, 시편 대부분은 노래를 부르기 위해 지은 것임

(4) 포로기 후기 유대교의 '찬송집'으로 사용된 매우 다양한 시 150편

(5) 여호와의 선하심에 대한 신뢰와 찬양, 악과 불의에 대한 탄식, 우주와 열방의 왕이신 여호와, 이스라엘에서 여호와의 대리자인 이스라엘 왕, 하나님의 언약 백성인 이스라엘, 지상에 있는 여호와의 특별한 임재 장소인 시온(또는 성전)

(6) 찬양, 감사, 회개, 교훈, 의지함, 고난, 갈망, 역사, 예언(메시아)

(7) 시편 모음은 찬양과 기도로 여호와를 찬미하는 여호와의 백성의 목소리이며 그것은 하나님의 근본적인 선하심과 사랑, 그리고 자기 백성을 위해서 행하신 놀라운 행위들을 기억하면서 살아계신 하나님께 초점을 맞춘 예배

(8) 하나님을 경외하는 백성들이 하나님의 궁정에서 부른 노래

(9) 시편은 포로귀환 후 최종 편집된 것으로 하나님 나라의 언약백성이 드려야할 영원한 찬송집(본서의 한가지 요소는 바로 '찬양'이다.)

8) 장 구분 제1권(1편~41편): 다윗, 예배의 노래

제2권(42편~72편): 다윗, 고라, 국가적 관심사에 대한 찬송 시

제3권(73편~89편): 아삽, 국가적 관심사에 대한 찬송 시

제4권(90편~106편): 무명, 찬양의 송가

제5권(107편~150편): 다윗, 무명, 찬양의 송가

9) 주요인물 다윗, 아삽, 고라자손, 솔로몬

20. 잠언(Proverbs)

1) **책명** 히브리어 성경에 '미쉘레 쉘로모'로 '솔로몬의 잠언'의 의미
70인 역본에 '파로이미아이 살로몬투스'로 '솔로몬의 잠언'의 의미 지혜의 글. '잠언'이란 지혜의 말씀. 격언을 의미. 지혜/지혜서

2) **저자** 솔로몬+α

3) **기록연대** BC 950~700년 경

4) **장수** 31장

5) **주제** 솔로몬의 지혜(아굴과 르무엘의 이름으로 된 것도 있음)
생활의 교훈

6) **목적** 하나님을 경외하는 것이 지식의 근본임을 알고 하나님을 경외하는 지혜자의 삶을 살도록 하기 위해 기록했으며 또한 솔로몬의 아들인 르호보암을 훈계하기 위함

7) **내용** (1) 본서는 지혜로운 원리들을 요약 서술하여 일상생활에서 그 지혜를 적용하도록 돕는 안내서이며, 본서가 말하는 지혜는 마음과 영적인 면까지 연결되며 이러한 지혜는 하나님을 경외함으로써 얻을 수 있음
(2) 참다운 진리는 하나님으로부터 오는 것이므로 인간 삶의 영역을 그 분의 주권 하에 두어야 한다고 역설하며 우리는 자기의 지식보다는 하나님이 우리에게 가르치시는 진리에 의존하며 하나님의 말씀과 그 분의 뜻에 순종해야 함
(3) 본서는 이스라엘 민족을 대상으로 지혜가 어떻게 일상의

삶 속에서 실질적으로 적용될 수 있는지를 보여주기 위함

(4) 생활의 지침을 주는 지혜의 말씀들, 여호와를 경외하는 것이 지혜의 근본임을 교훈하고 있음

(5) 앞부분에는 지혜를 찬양하고 어리석음을 경계하는 일련의 시 들과 솔로몬을 필두로 하여 이스라엘에게 지혜를 가르친 지혜자들의 잠언임

(6) 지혜는 여호와를 경외하고 신뢰하는 것에서 시작됨

(7) 실제적인 차원에서 지혜란 선한 행위와 악한 행위 사이에서 지혜로운 선택을 하는 것임

(8) 온전하고 경건한 삶을 살려면 무엇보다도 지혜를 사모해야 함

(9) 잠언은 젊은이들에게 실제적인 교훈을 제공하여 주님의 길을 따르고 세상에서 유익하고 풍성한 삶을 살도록 도움을 줌

(10) 인간 경험의 모든 영역에 지혜를 공급함

8) 장 구분 1장~29장: 지혜의 가르침(지혜의 원리들)

30장~31장: 지혜의 비교(결어)

9) 주요인물 솔로몬, 아굴, 르무엘

21. 전도서(Ecclesiastes)

1) **책명** 히브리어 성경표제는 '코헬렛'으로 '전도자, 설교자'의 의미
70인 역본에 '에클레시아스테스'로 '전도자, 설교자'의 의미
'설교자'를 가리키는 말, 솔로몬의 인생론

2) **저자** 솔로몬

3) **기록연대** BC 950~935년 경

4) **장수** 12장

5) **주제** 세상살이의 헛됨, 인생의 허무함, 하나님 없는 삶은 허무함을 강조

6) **목적** 하나님을 떠난 인생에게는 세상의 모든 것이 허무하다는 진리를 깨닫게 하기 위해 기록했으며 또한 인간의 이성과 철학에는 한계가 있음을 보여주고 하나님을 경외하는 삶을 살도록 하기 위함

7) **내용** (1) 최고의 부귀영화를 누렸던 솔로몬은 인생의 허무함을 적나라하게 표현하고 있으며 전도서는 하나님을 경외하는 것이 인생의 허무함을 극복하고 가치 있는 삶을 사는 최고의 방법이라고 말함

(2) 본서는 여호와를 경외하는 것이 사람의 본분이라는 것을 강조하면서 하나님의 주권과 인간의 타락 그리고 하나님의 지혜와 인간의 죽음 등을 말하고 있으며 지혜의 근본으로 묘사하는 교사와 목자는 그리스도에 비유함

(3) 재산, 명예, 여자, 권력 등 모든 것을 소유했던 사람의 고백임, 전도서는 결국 이 모든 것이 하나님이 없다면

아무것도아니라고 가르침(헛됨, 허무함)

(4) '범사에 기한이 있고 천하만사가 다 때가 있나니'(전 3:1)라고 가르침

(5) 인생의 문제들과 씨름하는 지혜의 깊은 통찰들을 제시하며 죽음에 직면할 때 부나 지혜를 획득함으로써 얻는 것이 무엇인지를 보여줌, 하지만 특별히 하나님을 경외하는 것을 아는 맥락에서 그렇게 해야 함

(6) 현세적 삶의 일시적이며 덧없는 성격, 단지 죽음과 심판만이 확실한 세상에서 지혜롭게 사는 법, 하나님을 경외하지 않는 인간의 모든 추구의 허망함

(7) 전도서는 영원에 비추어서 이생의 유한함을 지속적으로 일깨워 주는 역할을 함

(8) 솔로몬왕이 40년 통치와 그의 인생을 회고하면서 인생의 본분이 무엇인가를 교훈함

(9) 천하의 범사가 기한이 있음을 발견하면서 인생의 본분은 하나님을 경외하는데 있다는 것을 찾았음

(10) 삶의 의미와 충족감을 찾기 위해 씨름하는 인간의 노력을 기록함

(11) 하나님과의 바른 관계를 떠난 삶은 공허하며 무의미하다는 것임('해 아래' 모든 것이 공허하고 무의미함)

8) 장 구분 1장~1:11: 헛되다는 선언(주제)

1:12~6장: 헛됨을 드러냄(설교)

7장~12장: 헛됨을 극복하기(요약)

9) 주요인물 솔로몬

22. 아가(Song of Songs)

1) **책명** 히브리어성경 표제(책명)에 '쉬르 하쉬림'으로 '노래 중의 노래'의 의미
70인 역본에 '아스마 아스마톤'으로 '노래 중의 노래'의 의미
개역성경의 '아가'는 '아름다운 노래의 책'의 의미
사랑의 노래, 솔로몬의 노래, '노래 중의 노래'라는 의미

2) **저자** 솔로몬

3) **기록연대** BC 965년 경

4) **장수** 8장

5) **주제** 부부사랑을 찬양, 결혼생활을 찬양

6) **목적** 하나님이 창조 때 의도하신 남녀 간의 순수하고 진실한 사랑을 노래하기 위해 기록했으며 또한 그리스도와 그리스도의 신부인 교회의 영광스러운 연합을 노래하기 위함

7) **내용** (1) 본서는 남녀 간의 진솔한 사랑이야기를 담고 있으며 그리스도를 상징하는 솔로몬과 교회를 상징하는 술람미 여자의 아름다운 사랑이야기를 통해 교회에 대한 그리스도의 희생적 사랑을 유추할 수 있음
(2) 본서는 하나님의 형상대로 창조된 최고의 피조물인 남자와 여자의 사랑을 표현하고 있으며 오늘날 부부간의 신성한 사랑을 경시하는 모든 사람들을 향하여 외치는 경고의 메시지임
(3) 두 사람의 연인이 애정 어린 마음을 서로 나눔, 성경가

운데 유일하게 연인의 사랑을 다룬 낭만적인 책임

(4) 여러 편의 에피소드로 이루어진 사랑의 시로써 한 여인과 한 남자의 성적인 사랑을 기록함

(5) 한 여인과 한 남자의 서로에 대한 순전한 사랑, 억제할 수 없는 순수한 사랑의 성격, 순수한 사랑을 불러일으키는 서로에 대한 즐거움과 갈망

(6) 하나님과 그의 백성(교회)과의 관계를 비유한 것으로 주석함

(7) 예수님과 그 신부를 비유

(8) 예수 그리스도의 교회사랑을 묘사한 것으로 해석하고 있음

(9) 본서는 솔로몬이 지은 1,005개의 노래 중 최고의 노래로써 솔로몬왕과 비천한 술람미 여인과의 사랑을 노래하기에 더욱 감미로운 노래(하나님과 이스라엘 백성의 사랑을 노래)

(10) 인간의 성적인 사랑을 하나님의 의로우신 수준에 올려놓음

8) 장 구분 1장~3:5: 사랑에 빠짐(구애기간/사랑을 키움)

3:6~5:1: 사랑 안에서 연합됨(결혼/사랑의 성취)

5:2~7:10: 사랑의 갈등(문제/사랑 중의 좌절감)

7:11~8장: 사랑이 자라남(발전/사랑의 신실함)

9) 주요인물 솔로몬

23. 이사야(Isaiah)

1) **책명** 히브리어 성경은 '예솨야후'로 '이사야'의 의미
한글성경 '이사야'의 이름의 뜻은 '하나님은 구원이시다'의 의미
본서의 저자이자 중심인물인 '이사야' 이름을 딴 것
이사야의 예언

2) **저자** 이사야

3) **기록연대** BC 739~680년 경

4) **장수** 66장

5) **주제** 이스라엘의 고난과 영광, 메시아의 선지자

6) **목적** 우상숭배와 여러 죄악을 일삼는 유다를 향해 하나님의 심판 메시지를 선포하고 하나님께서 돌아와 섬기도록 촉구하기 위해 기록했으며 또한 택한 백성, 즉 회개한 남은 자를 향한 하나님의 구원은 궁극적으로 메시아를 통해 온전히 이루어짐을 확증하기 위함

7) **내용** (1) 본서는 장엄하고 웅장하며 아름다운 서사시로 되어 있으며 하나님의 절대주권과 장차 오실 메시아에 관해 잘 드러나 있어서 '구약의 복음서'라고도 함
(2) 본서는 하나님이 온 세계를 통치하시며, 타락한 인간에게 메시아를 보내시고 그를 통하여 인류를 구원하신다는 복음의 내용임
(3) 선지자 이사야는 히스기야왕의 통치를 기점으로 남북왕

국의 죄를 다루고 바벨론 포로. 남은 자들이 다시 약속의 땅으로 귀환하기까지의 예언. 의로운 종을 통한 구원계획을 선포함

(4) 구약 예언서(선지서) 가운데 신약성경이 가장 많이 인용한 성경으로, 이사야 선지자는 이스라엘 백성들에게 죄를 떠나 하나님께 돌아가야 한다는 것임, 메시아가 오셔서 그들을 용서하시고 위로하실 것을 상기시킴

(5) 선택된 백성 이스라엘을 돌보시는 과정에서 보여 주신 여호와의 주권적 위엄과 구속적 사랑을 다룸, 이스라엘은 하나님의 심판과 구원의 대상이며 다른 민족들도 하나님의 심판과 구원에 포함될 것임

(6) 메시아가 오셔서 그들을 용서하시고 위로하실 것을 상기시킴

(7) 부패한 교회에 대한 심판과 몰락 그리고 회복의 역사를 예언한 책

(8) 이사야서는 성경의 축소판이라고 할 수 있음(66권–66장)
1장~39장: 구약성경의 39권에 해당하며 하나님의 공의, 거룩하심, 정의를 강조함
40장~66장: 신약성경의 27권에 비교되며 하나님의 영광과 긍휼, 무한한 은총을 묘사하고 있음

8) 장 구분 1장~35장: 심판의 예언들(예언적/심판)
36장~40장: 역사적 삽입구(역사적/과도기)
41장~66장: 위로의 예언들(메시아적/소망)

9) 주요인물 이사야, 히스기야, 고레스

24. 예레미야(Jeremiah)

1) **책명** 히브리어 성경은 저자이자 중심인물의 이름대로 '이르메야후'로 '예레미야'의 의미
'예레미야'는 '여호와께서 높이 신다'는 뜻

2) **저자** 예레미야

3) **기록연대** BC 627~585년 경

4) **장수** 52장

5) **주제** 유다의 포로 됨과 귀환. 예루살렘 구출의 마지막 노력

6) **목적** 유다의 불순종과 죄악으로 인해 하나님의 심판이 임하게 되었음을 깨닫고 회개하도록 촉구하기 위해 기록했으며 또한 심판 후에 언약에 신실하신 하나님이 남은 자들과 새로운 언약을 맺으실 것을 알도록 하기 위함

7) **내용** (1) 예레미야는 가슴이 찢어지는 듯한 마음으로 기울어진 유다의 운명을 선포하며 그는 바벨론에 항복하는 것이 하나님의 뜻이라고 예언했기 때문에 반역자로 낙인찍히고 모함을 받았음

(2) 본서는 하나님이 창조주이시며 전능자이시고 어느 곳에서나 계시는 분이시며 존경을 받아야 할 분이시라고 선포하고 또한 하나님은 모든 민족의 하나님으로 소개되며 각 개인에게 깊은 관심을 갖고 계신 분으로 나타남, 한편 하나님은 죄에 대해 심판하시며 회개하는 자에게는 약속을 따라 회복해 주시는 분이심

(3) 예레미야가 백성들에게 죄의 길에서 돌이켜 하나님께 돌아오기를 간곡히 부탁하고 있음

(4) 유다와 열방에 대한 심판의 말씀과 미래의 소망에 대한 말씀, 이 두 가지가 유다왕국 말기에 예레미야가 감당한 역할에 관한 이야기

(5) 여호와에 대한 유다의 불신실함이 유다의 멸망을 초래할 것임, 하나님은 예레미야의 마음을 통해서 자기 백성들을 향한 마음을 드러냄

(6) 예레미야서는 하나님의 신실하심을 지속적으로 일깨워 주고 있으며 그 말씀은, 선택된 백성은 여호와께 불순종하여 포로로 끌려가는 징계를 받을 것이지만 나중에 새 언약의 소망과 함께 회복되리라는 것임

(7) 유다에 닥칠 피할 수 없는 심판의 울적한 메시지로 '눈물의 선지자'로 불리워졌음

8) 장 구분 1장: 예레미야의 소명/소명/멸망이전

2장~45장: 유다를 향한 예언들/사역/멸망이전

46장~51장: 이방인들을 향한 예언들/사역/멸망이후

52장: 예루살렘의 멸망/회고/멸망이후

9) 주요인물 예레미야, 여호아하스

25. 예레미야애가(Lamentations)

1) **책명** 히브리어 성경의 표제는 비탄과 놀람을 나타내는 감탄사 '에카'는 "아! 어찌하여, 얼마나"의 의미
랍비들의 표제는 장례식에서 애도할 때 사용하던 '키노트'로 '애가 혹은 만가'의 의미
슬픔의 노래, '애가'란 슬픈 노래, 애도가라는 뜻

2) **저자** 예레미야

3) **기록연대** BC 586년 경

4) **장수** 5장

5) **주제** 예루살렘 황폐에 대한 비가

6) **목적** 유다의 불순종과 죄악으로 인해 하나님의 진노와 심판이 임하게 되었음을 깨닫고 하나님께 순종하는 삶을 살도록 촉구하기 위해 기록했으며 또한 절망 가운데서도 회개할 때에 회복시키시는 하나님의 신실하신 자비하심을 믿도록 하기 위함

7) **내용** (1) 본서는 예루살렘의 멸망을 슬퍼하는 예레미야의 애절함이 담겨있으며 그러나 절망 가운데서도 예레미야는 회복의 메시지로 백성을 격려하고 있음
(2) 본서는 하나님의 사랑과 성품을 잘 설명해주며 하나님은 그분의 백성이 죄로 인해 고통당하는 것을 기뻐하지 않으시고 슬퍼하시며 또한 그분의 백성이 고통 가운데

회개할 때에 외면하지 않으시고 자비의 손길을 내미심

(3) 이스라엘의 죄에 대해 한탄하는 다섯 편의 애도가임

(4) 예루살렘의 멸망에 관한 애가 다섯 편

(5) 예루살렘의 멸망을 경험한 사람의 깊은 고통과 영적 고뇌, 시온을 멸망시키신 하나님의 공의, 최종적으로 하나님의 성품에서만 발견할 수 있는 소망

(6) 예레미야애가는 하나님께서 언약적 불성실을 심판하신다는 자신의 말씀을 지키시는 분임을 일깨워 줌

(7) 예루살렘 성전의 멸망을 목격한 예레미야의 슬픈 노래

8) 장 구분 1장: 예루살렘의 멸망/슬픔/애곡하는 도시

2장: 하나님의 진노/원인/상심한 백성

3장: 긍휼을 구하는 기도/소망/고통받는 선지자

4장: 예루살렘의 포위/회개/황폐케 된 왕국

5장: 회복을 위한 기도/기도/통회하는 민족

9) 주요인물 예레미야

26. 에스겔(Ezekiel)

1) **책명** 히브리어 성경은 본서의 중심인물이자 저자의 이름대로 '예헤즈겔'로 삼았음
'에스겔'은 '하나님이 강하게 하신다.'는 뜻
에스겔 선지자의 이름을 딴 것. 에스겔의 예언

2) **저자** 에스겔

3) **기록연대** BC 586년 경

4) **장수** 48장

5) **주제** 성전에 대한 기대. 너희는 내가 여호와인 것을 알리라. 하나님의 심판과 구원

6) **목적** 현재의 포로생활이 우상숭배와 불순종의 결과임을 인식하고 하나님이 징계하시는 의미를 깨닫도록 하기 위해 기록했으며 또한 포로로 끌려간 이스라엘 백성이 마치 흩어진 마른 뼈 같지만 하나님이 다시 그들을 살리시고 회복하실 것이라는 소망을 불어넣어 주기 위함

7) **내용** (1) 에스겔은 바벨론에 끌려가 사는 중에 선지자로 부름 받았으며 에스겔서는 놀라운 환상과 비유를 통해 예루살렘 멸망 이후 절망에 빠져있는 이스라엘 포로들에게 회복에 관한 소망을 심어주고 있음
(2) 본서는 하나님의 초자연적인 영광과 능력을 증거하고 있으며 하나님이 그분의 이름을 위해 역사하신다는 사실을 강조하고 있으며 또한 하나님은 죄를 미워하시는 분이시며 동시에 구원의 약속을 이루시는 분임을 밝히고 있음

(3) 에스겔은 고도로 체계화된 대칭구조의 책임. 더럽혀져 파괴될 수밖에 없는 성전의 환상(8~11장)과 대조되는 회복되고 정화된 성전의 환상(40~48장), 진노의 하나님(1장)과 대조되는 위로의 하나님(48장35절)을 선포함

(4) 에스겔은 남유다의 멸망을 이해하지 못한 바벨론 포로된 이스라엘 백성들을 향해 포로생활 중에도 열방을 통치하시는 여호와 하나님이심을 증거함(하나님의 소망의 메시지를 전달)

(5) 하나님의 심판과 구원을 예언함, 바벨론에게 잡혀 간 유대인들에게 쓴 것임

(6) 여호와의 떠나심과 예루살렘의 멸망, 그리고 여호와의 돌아오심과 마침내 실현되는 이스라엘의 회복을 선언하는 일련의 예언임

(7) 죄, 특히 우상숭배 때문에 예루살렘 멸망의 불가피성, 땅의 상실과 회복, 그리고 하나님의 백성들 가운데 거하시는 하나님의 임재의 상실과 회복

(8) 70년 포로생활은 저주가 아니고 징계임(목적이 있음)

(9) 에스겔은 여호야긴왕과 함께 2차 바벨론 포로로 끌려간 이스라엘의 제사장이자 선지자이며 예레미야와 동시대인이지만 나이는 어림

8) 장 구분 1장~3장: 에스겔의 소명/포로이전/유다의 멸망

4장~24장: 유다에 임할 심판/포로이전/유다의 멸망

25장~32장: 이방인들에게 임할 심판/포로기간/유다의 적국들

33장~48장: 이스라엘의 회복/포로이후/유다의 미래

9) 주요인물 에스겔, 두로

27. 다니엘(Daniel)

1) **책명** 히브리어 성경은 본서의 저자이자 중심인물의 이름대로 '다니엘'로 칭했음
다니엘의 이름을 딴 것. 다니엘의 예언

2) **저자** 다니엘

3) **기록연대** BC 606~534년 경

4) **장수** 12장

5) **주제** 바벨론에서의 예언, 이방인의 시대, 이방인의 때

6) **목적** 포로로 끌려간 이스라엘 백성에게 하나님이 여전히 이 세상을 통치하시는 절대주권자이심을 알게 하기 위해 기록했으며 또한 다니엘을 통해 하나님께 변치 않는 신실한 믿음으로 나아가는 자에게 베푸시는 복에 대해 알게 하기 위함

7) **내용** (1) 본서는 신약의 요한계시록에 해당하며 하나님의 절대주권사상이 잘 나타나 있으며 포로로 끌려간 다니엘은 우상을 섬기는 이방 땅에서 적어도 75년 동안 하나님의 충성된 증인이었음

(2) 본서는 하나님이 자기백성의 삶을 통해 역사하신다는 사실을 말해주며 세상나라는 세워졌다 망하지만 하나님의 나라는 영원하기 때문에 모든 나라는 하나님의 주권에 복종해야한다는 교훈을 주고 하나님은 우리 삶의 모든 영역에 관심을 갖고 개입하심

(3) 다니엘은 바벨론에 사로잡혀 와있는 동료 유대인들에게

하나님께서 세계역사를 주관하신다는 사실을 일깨우고 회복에 대한 하나님의 약속으로 그들을 격려하기 위함

(4) 하나님께서 이스라엘을 포기하지 않으셨다는 사실을 밝힘으로써 그들에게 격려가 되었고 하나님께서 미래의 사건들을 계획을 갖고 계시며 이스라엘은 이 계획에 중요한 자리를 차지함

(5) 다니엘이 국외 추방자로서 자신의 체험과 미래에 대한 환상에 대해 이야기 하고 있음, 사자굴에 던져진 다니엘, 풀무불에 던져진 그의 친구들 이야기가 나옴(사드락, 메삭, 아벳느고)

(6) 하나님께서 바벨론에서 다니엘과 그의 세 친구들을 통해 자신을 영화롭게 하시는 과정에 대한 이야기와 그리고 미래의 왕국들과 최종적인 하나님 나라에 대한 네 가지 묵시적 이상이 기록됨

(7) 모든 나라의 통치자들 위에 군림하시는 하나님의 주권, 포로로 끌려간 유다 백성들에 대한 하나님의 돌보심과 마지막 회복에 대한 약속, 인간의 죄악을 멸하시고 최종적으로 승리하시는 하나님

(8) 다니엘은 여호야김왕과 함께 1차 바벨론으로 끌려간 포로들 중 한 사람이며 그는 바벨론의 궁정과 마지막에는 바사의 궁정 안에서 일한 선지자 임(당시 16세)

(9) 포로 중에서도 자기 백성을 보호하시며 돌보시고 높이시는 하나님의 섭리를 보게 됨

8) 장 구분 1장: 다니엘의 개인적 내력/다니엘의 개인적 경험
2장~7장: 이방인들을 위한 예언적 계획/타인들의 꿈을 다니엘이 해석함
8장~12장: 이스라엘을 향한 예언적 계획/다니엘의 꿈을 천사가 해석함

9) 주요인물 다니엘, 느부갓네살

28. 호세아(Hosea)

1) **책명** 히브리어 성경은 본서의 저자이자 중심인물의 이름대로 '호쉐아'로 칭함

호세아 선지자의 이름을 딴 것. 호세아의 예언

2) **저자** 호세아

3) **기록연대** BC 722~710년 경

4) **장수** 14장

5) **주제** 이스라엘의 배신. 거룩한 마음

6) **목적** 호세아와 음란한 고멜의 예를 들어 이스라엘이 하나님께 신실치 못함의 의미를 알게 하고 임박한 하나님의 심판을 경고하기 위해 기록했으며 또한 음란한 아내 고멜을 인내하며 사랑하는 호세아의 모습을 통해 언약에 신실하신 하나님의 사랑 또한 그러하며 결국에는 하나님이 이스라엘을 온전히 회복하실 것을 알게 하기 위함

7) **내용** (1) 본서는 이스라엘이 하나님께 신실하지 못함에도 불구하고 그들을 저버리지 않으시는 사랑의 하나님을 증거하고 있음

(2) 본서는 인간의 죄를 용서하시는 하나님의 사랑에 대해 말하고 있으며 이스라엘은 죄로 인해 멸망 일보직전에 와 있으나 하나님은 이스라엘을 회복시키시고 새로운 길을 열어 놓으셨음

(3) 호세아 선지자는 음란한 고멜을 아내로 맞이하여 자기

의 부끄러운 간증을 통해 하나님의 사랑을 외침(하나님의 심정을 이해)

(4) 이스라엘 백성들이 지속적으로 하나님을 멸시했지만 하나님께서 그 백성들을 사랑하신다는 것을 보여줌

(5) 북이스라엘에 대한 여호와 하나님의 긍휼하심과 죄악에 대한 심판 예언

(6) 하나님은 자기 백성들의 부정을 심판해야 하는 상황에서도 여전히 그들을 사랑하시는 하나님의 끝없는 사랑을 보여줌

(7) 호세아서는 사마리아 출신으로 북이스라엘의 선지자

(8) 음란한 북이스라엘의 죄와 그들을 향한 하나님의 긍휼하심을 돌아보게 함

(9) 호세아 선지자의 가정생활은 북이스라엘 백성의 삶을 투영함

(10) 북 왕국이 멸망하기 전 그들을 향한 하나님의 마지막 목소리였음

(11) 호세아의 외침

"여호와께로 돌아가자"(호6:1, 14:1)

"여호와를 알자"(호6:3, 6)

8) 장 구분 1장~3장: 음란한 아내와 신실한 남편/호세아의 결혼(개인적)

4장~14장: 음란한 이스라엘과 신실한 하나님/호세아의 메시지(국가적)

9) 주요인물 호세아, 고멜

29. 요엘(Joel)

1) **책명** 히브리어 성경은 본서의 저자이자 중심인물의 이름대로 '요엘'로 칭함
요엘 선지자의 이름을 딴 것. 요엘의 예언

2) **저자** 요엘

3) **기록연대** BC 830년 경

4) **장수** 3장

5) **주제** 여호와 심판의 날. 성령시대에 대한 예언

6) **목적** 남유다에 임박한 하나님의 심판을 경고하고 '여호와의 날'에 대한 두려움을 갖도록 하기 위해 기록했으며 또한 하나님이 육체에게 성령을 부어주실 날이 도래할 것을 알리기 위함

7) **내용** (1) 유다 역사상 전무후무한 메뚜기 떼의 재앙이 몰아닥쳤으며 요엘은 이 같은 재앙이 하나님의 진노를 상징한다고 보고 '여호와의 날'이 가까웠다고 외치며 회개하지 않는 자에게 '여호와의 날'은 저주의 날이 될 뿐이라고 함

(2) 본서는 죄를 범하고 회개하지 않는 자들에게 내려질 하나님의 심판을 강조하고 그 심판은 우주적이며 역사적인 심판이며 그렇지만 죄를 뉘우치고 회개하는 사람은 용서를 받고 회복될 것을 약속함, 또한 성령이 오셔서 각 사람에게 임할 것을 예언하고 있는데 이는 신약시대 오순절에 성취되었음

(3) 하나님께서 남유다 왕국 백성들의 죄를 심판하실 것임

(4) 메뚜기 재앙을 통해 요엘 선지자는 열방에 임할 심판 날을 예고하며, 두 번에 걸쳐 회개를 촉구함, 하나님께서 회개하는 자들에게 자비와 성령을 약속하심

(5) 임박한 여호와의 날(심판과 구원의 날), 여호와 하나님은 사랑하는 자들을 징계하시고 징계를 통해 백성들에게 회개를 촉구하심, 또한 이스라엘의 하나님은 자기 백성들에게 자비를 베푸심

(6) 하나님께서 성령을 부어 주실 것이라는 예언 외에도 인간의 죄에 대한 하나님의 심판, 회개의 필요성, 하나님의 자비로운 은혜, 하나님의 이름을 부르는 모든 자들이 구원을 얻는다는 것임

(7) 요엘은 남왕국 백성들에게 다가올 심판을 경고하며 회개하고 하나님께 돌아올 것을 촉구함

(8) 의의교사와 성령을 보내심으로 만국을 새롭게 할 것을 증거 함

(9) 여호와의 날(심판과 구원의 날), 주의 날

(10) 예언자의 패턴: 죄책망⇒권면⇒위로⇒소망

8) 장 구분 1장: 유다를 향한 과거의 심판/역사적 침략/주의 날을 회상함

2장~3장: 미래에 유다에게 있을 심판과 회복/예언적 침략/주의 날을 예상함

9) 주요인물 요엘

30. 아모스(Amos)

1) **책명** 히브리어 성경은 본서의 저자이자 중심인물의 이름대로 '아모스'로 칭함

아모스 선지자의 이름을 딴 것. 아모스의 예언

2) **저자** 아모스

3) **기록연대** BC 760년 경

4) **장수** 9장

5) **주제** 율법에 대한 태도. 다윗계보의 최후 승리

6) **목적** 안정과 번영으로 교만해져서 종교적, 사회적으로 악을 일삼는 이스라엘을 책망하기 위해 기록했으며 또한 하나님의 정의와 공의가 인간 삶 속에서도 적극적으로 실현되어야 함을 촉구하기 위함

7) **내용** (1) 아모스는 부패와 함께 향락으로 타락한 이스라엘과 주변나라들을 고발하고 하나님의 공의를 강조하며 인간관계에도 하나님의 공의가 실현되어야 한다고 강조함

(2) 본서는 전능하신 하나님이 그분께 순종하지 않고 항거하는 나라들을 심판하신다고 말하고 이스라엘 역시 죄로 인해 징벌을 당하고 멸망하지만 회개하는 남은 자들은 하나님에 의해 세움을 받으며 약속된 복을 누리게 될 것임

(3) 아모스는 드고아 평원 출신으로 목축업과 뽕나무 재배하던 자로서 여호와의 소명을 쫓아 부정과 부패가 극에 달한 북이스라엘을 향하여 하나님의 공의를 속히 시행

할 것을 선포함으로써 심판을 면하라고 외침

(4) 아모스 시대의 북왕국은 금송아지 숭배에 깊이 몰두하고 있었으며 비록 아모스는 남왕국 유다에 있는 마을 출신이지만 하나님께서는 다가올 심판에 대한 그의 메시지를 북왕국에 전하는 자로 아모스를 선택하셨음

(5) 하나님께서 이스라엘의 우상숭배와 사회 불의를 엄히 심판하실 것임

(6) 여호와 하나님은 유례없는 경제적 번영을 누리고 강력한 정치적인 힘을 가진 시기에 죄로 인하여 이스라엘에게 심판을 선언하심

(7) 여호와는 모든 민족들과 전 우주를 다스리시는 하나님이심, 불순종 때문에 이스라엘을 철저히 파괴하실 것임

(8) 참된 종교와 사회 정의는 반드시 함께 가야 함

(9) "오직 정의는 물같이, 공의를 마르지 않는 강 같이 흐르게 할지어다."(암5:24)

8) 장 구분 1장~2장: 여덟 가지 예언/이스라엘과 주변국들을 향한 심판/심판의 선포

3장~6장: 세 가지 설교/이스라엘의 죄(현재, 과거, 미래)/심판이 임하게 만든 도발 들

7장~9:10: 다섯 가지 환상/이스라엘을 향한 심판의 묘사/미래의 심판

9:11~9:15: 다섯 가지 약속/이스라엘의 회복/심판 이후의 약속 들

9) 주요인물 아모스

31. 오바댜(Obadiah)

1) **책명** 히브리어 성경은 본서의 저자이자 중심인물의 이름대로 '오바드야'로 칭함

오바댜 선지자의 이름을 딴 것. 오바댜의 예언

2) **저자** 오바댜

3) **기록연대** BC 850년 경 혹은 BC 586년 경

4) **장수** 1장

5) **주제** 에돔의 멸망(에돔: 에서의 후손), 에돔에 다가올 심판

6) **목적** 하나님이 택하신 백성을 대적한 에돔의 멸망을 선포하기 위해 기록했으며 또한 하나님이 교만하고 시기하는 자들을 공의로 심판하시는 것을 알도록 하기 위함

7) **내용** (1) 에서와 야곱은 쌍둥이 형제인데도 에돔은 이스라엘을 오랫동안 대적해 왔는데 오바댜는 그러한 에돔에 대해 강도 높은 심판의 메시지를 전하고 있음

(2) 본서에는 죄에 대한 하나님의 심판이 언급되어 있으며 하나님은 공의로우시기 때문에 사랑하는 백성일지라도 죄를 지으면 그에 대한 대가로 형벌을 내리시지만 그들이 회개하고 돌아섰을 때 하나님은 용서하시고 구원하시며 복을 주심

(3) 본서는 유다 백성을 위해 기록되었으며 유대인들에 대한 에돔의 반역과 폭력 그리고 하나님에 대한 교만과 무관심을 책망하고 있음

(4) 오바댜 선지자가 하나님의 백성들의 원수인 에돔 족속에게 예언함
(5) 바벨론의 예루살렘 정복을 자신들에게 유리하게 이용한 (것으로 보이는) 에돔의 멸망에 대한 말씀
(6) 하나님의 백성들에게 행한 에돔의 죄악에 대한 하나님의 심판, 스스로 천하무적이라고 생각하는 자들이 당할 패배, 주의 날에 이루어질 이스라엘의 구원과 회복
(7) 오바댜서는 인간의 죄악을 심판하시는 하나님의 공의와 지상의 권세들에 대한 하나님의 최종적 승리
(8) 여호와께서 만국을 심판하실 때에 형제(야곱)를 돌아보지 않는 교만한 에돔을 심판하실 것을 선포함
(9) 형제국가인 남북왕국의 재난을 방관하고 찬송하며 못된 짓을 일삼는 에돔에 대한 심판을 예언함

8) 장 구분 1:1~1:18: 에돔에 대한 심판/심판의 예고/이스라엘의 패배
1:19~1:21: 이스라엘의 회복/정복의 예고/이스라엘의 승리

9) 주요인물 오바댜

32. 요나(Jonah)

1) **책명** 히브리어 성경은 본서의 저자이자 중심인물의 이름대로 '요나'로 칭함
요나 선지자의 이름을 딴 것, 요나의 예언

2) **저자** 요나

3) **기록연대** BC 800~760년 경

4) **장수** 4장

5) **주제** 니느웨의 구원, 용서받은 니느웨(앗수르의 수도)

6) **목적** 이스라엘의 편견과 민족적 배타주의를 버리고 온 인류를 향한 하나님의 구원계획에 동참하도록 하기위해 기록했으며 또한 멸망시키기로 계획하셨더라도 회개하고 돌아오면 뜻을 돌이키시는 하나님의 자비를 알도록 하기 위함

7) **내용** (1) 요나는 이스라엘을 위협하던 앗수르의 수도 니느웨에 가서 회개의 메시지를 전하라는 명령을 받았지만 불순종함
(2) 본서는 편견과 이기심으로 복음을 전하기 싫어하는 교회와 신자들에게 큰 교훈을 줌
(3) 본서는 하나님을 알지 못하는 이방민족에 대한 선교의 중요성을 강조하고 있으며 곧 이스라엘을 통해서 하나님의 사랑이 다른 나라에 전달되듯이 믿는 자들은 하나님의 사랑과 구원을 이방세계에 전달해야 한다는 중대한 사명을 일깨워 주고 있음
(4) 당시 북이스라엘과 앗수르(수도: 니느웨)의 관계가 좋지

않음. 죄악이 북이스라엘 보다 앗수르가 더 심각하여 요나를 보내 회개의 기회를 주심

(5) 하나님께서 요나에게 앗수르의 수도 니느웨로 가서 예언하라고 명하셨지만 요나가 다른 길로 도망침, 그러나 그는 물고기 배에 갇혀 하나님 말씀에 순종하게 됨, 결국 그가 니느웨 백성들에게 예언한 덕택에 니느웨 사람들이 회개하여 구원을 받음

(6) 하나님은 순종하기를 꺼리는 요나를 통해 이스라엘이 미워하는 니느웨에게 긍휼을 베푸심

(7) 만물의 창조주이신 여호와 하나님은 이방인들(니느웨로 대표됨)에 대한 여호와 하나님의 긍휼, 열방에 대한 여호와 하나님의 긍휼을 인정하지 않으려하는 이스라엘(요나로 대표됨)

(8) 요나서는 자기 백성들뿐 아니라 자신이 창조한 모든 자들에게 긍휼을 베푸시며 하나님께서는 자기 원수들과 우리의 원수들까지도 사랑하심

(9) 요나는 스블론지파 가드헤벨 성읍에 속한 아밋대의 아들로서 북이스라엘의 선지자

(10) 하나님은 이방인들의 구원을 원하시며 그들에게 은혜를 베푸심을 밝히고 있음

8) 장 구분 1장~2장: 요나에게 주어진 첫 번째 사명 위임/요나를 향한 하나님의 긍휼

3장~4장: 요나에게 주어진 두 번째 사명 위임/니느웨를 향한 하나님의 긍휼

9) 주요인물 요나

33. 미가(Micah)

1) **책명** 히브리어 성경은 본서의 저자이자 중심인물의 이름대로 '미카'라 칭함

미가 선지자의 이름을 딴 것. 미가의 예언

2) **저자** 미가

3) **기록연대** BC 700~694년 경

4) **장수** 7장

5) **주제** 사회의 도덕. 메시아의 탄생은 베들레헴이라 예언

6) **목적** 냉랭한 종교의식과 죄에 대해 무감각해져 가는 유다와 이스라엘을 교훈하기 위해 기록했으며 또한 개인적 이익을 위해 사회적 지위와 정치권력을 남용하는 지도자들을 교훈하기 위함

7) **내용** (1) 본서는 유다와 이스라엘의 멸망을 예언하는데 특히 유다의 불의한 지도자들과 사회구조를 책망하고 또한 회복의 메시지와 함께 메시아의 베들레헴 탄생도 예언하고 있음

(2) 본서는 하나님이 사랑하는 자가 죄를 지었을 때 어떻게 연단시키시는지 보여주고 아울러 본서 전체에 하나님의 심판이 두드러지게 나타남

(3) 하나님은 죄에 대해 심판하시지만 다른 한편으로 회복에 대한 소망도 주시며 특별히 본서는 메시아의 통치 때에 회복될 '남은 자'를 강조하면서 믿음으로 인내할 것을 요구하고 있음

(4) 미가는 주로 남왕국 유다에서 사역했으나 북이스라엘을 향해서도 말씀을 전했고 사마리아의 멸망을 예언함
(5) 갓 지파 모레셋 시골 출신이지만 수준 높은 예언자로서 경제정의를 선포함
(6) 유다를 실제적인 의로움으로 돌이키기 위해 하나님께로부터 보내심을 받았고 유다에 장차 있을 심판의 메시지를 전함
(7) 남,북왕국의 백성들을 향해 하나님의 예배에는 일상의 성결한 삶이 수반되어야 한다고 경고함
(8) 우상숭배와 사회적 불의를 행한 이스라엘과 유다의 멸망에 대한 경고와 여호와의 자비로 말미암은 미래의 소망에 대한 말씀
(9) 여호와의 심판에 대한 경고, 공의와 자비의 여호와 하나님, 심판 후에 약속된 다윗계열의 왕을 통해 예루살렘을 회복하실 여호와 하나님
(10) 미가서는 약속된 메시아와 그의 백성의 회복을 예언하고 있으며, 동시에 신약을 미리 내다보고 있음
(11) 남유다(예루살렘)와 북이스라엘(사마리아)의 죄를 책망하고 멸망을 예언함

8) 장 구분 1장~3장: 심판에 대한 예언/징벌/보응
4장~5장: 회복에 대한 예언/약속/회복
6장~7장: 회개의 촉구/용서/회개

9) 주요인물 미가

34. 나훔(Nahum)

1) **책명** 히브리어 성경은 본서의 저자이자 중심인물의 이름대로 '나훔'으로 칭함

나훔 선지자의 이름을 딴 것, 나훔의 예언

2) **저자** 나훔

3) **기록연대** BC 612년 경

4) **장수** 3장

5) **주제** 니느웨의 임박한 멸망. 니느웨(앗수르의 수도)의 멸망. 공의와 심판의 하나님

6) **목적** 하나님이 분노하시고 심판하실 수밖에 없는 이유를 알도록 하기 위해 기록했으며 또한 니느웨 심판을 통해 하나님의 공의를 알게 하고 유다에 있는 신실한 자들을 위로하기 위함

7) **내용** (1) 요나서가 니느웨의 회개를 전하는데 반해 나훔서는 니느웨의 멸망을 선포하고 있으며 나훔은 하나님이 투기하시며 보복하시는 분이시기 때문에 죄를 용납하지 않으신다고 전함

(2) 본서는 하나님의 거룩하심에 대해 말하고 있으며 그 분의 거룩하심은 하나님께 반역하는 불신자들에게는 보응하시고 그분의 백성에게는 긍휼을 베푸시는 것임. 하나님은 오래 참으시지만 하나님의 약속은 분명하여 죄인에게는 형벌을 내리시고 의인에게는 복을 내리심

(3) 나훔은 권력의 절정에 있던 신 앗시리아 제국의 수도

니느웨의 멸망을 예언하였는데 앗시리아인은 잔인하기로 유명하였으며 유독 이스라엘과 유다를 가혹하게 다루었음

(4) 하나님께서 앗수르와 니느웨를 심판할 것임

(5) 하나님께서 압제와 잔인함과 우상숭배로 말미암아 니느웨(앗수르의 수도)를 심판하실 것이라는 예언을 담고 있음

(6) 앗수르의 잔인함을 심판하시는 여호와의 공의, 스스로 영원하다고 착각하는 교만한 자들에게 임하는 하나님의 심판

(7) 나훔서에서 하나님은 공의와 심판의 하나님이시며, 동시에 선하심과 구원의 하나님이심을 드러냄

(8) 당대 최강의 앗수르의 멸망을 예언함으로써 온 땅을 통치하시는 하나님의 절대주권을 드러냄

(9) 난공불락의 앗수르의 수도 니느웨가 BC612년 8월 바벨론 연합군에 의해 함락됨

(10) 니느웨에 대한 마땅한 심판임

8) 장 구분 1장: 니느웨를 향한 심판이 선포됨/심판의 선포/하나님께서 하실 일

2장: 니느웨를 향한 심판이 묘사됨/심판의 환상/하나님께서 하시는 방법

3장: 니느웨를 향한 심판이 마땅함/심판의 확증/하나님께서 하시는 이유

9) 주요인물 나훔

35. 하박국(Habakkuk)

1) **책명** 히브리어 성경은 본서의 저자이자 중심인물의 이름대로 '하바쿡'으로 칭함
하박국 선지자의 이름을 딴 것. 하박국의 예언

2) **저자** 하박국

3) **기록연대** BC 612년 경

4) **장수** 3장

5) **주제** 인간성과 통치권. '의인은 그의 믿음으로 말미암아 살리라'

6) **목적** 하나님의 선하신 계획대로 전체 역사를 구원하신다는 사실을 알게 하고 하나님을 철저히 의지하는 삶을 살도록 하기 위해 기록했으며 또한 의가 부당하고 불의가 득세한다고 해도 하나님의 백성은 끝까지 믿음으로 살아가야 함을 권고하기 위함

7) **내용** (1) 본서는 하박국과 하나님 간의 질문과 답변으로 되어 있으며, 불의가 의를 이기는 것처럼 보일 때에도 결국 악은 심판 받을 것이기에 의인은 믿음으로 살아야 한다는 중요한 메시지를 담고 있음

(2) 본서는 하나님이 침묵하시는 것 같지만 죄를 미워하시고 죄에 대한 벌을 내리신다는 것을 말하고 있으며 특별히 믿음으로 참고 기다리면 하나님의 뜻이 이루어지는 것을 보게 된다는 것을 말해주며 또한 본서는 하나님이 그분의 사랑하시는 자와 교제하며 대화를 나누시는 인격적인 분이심을 묘사하고 있음

(3) 하나님과 선지자가 나누는 대화형식으로 유다백성을 위해 쓰여 졌으며 하박국은 유다의 우상숭배 하나님에 대한 무관심과 사회적 불의에 괴로워하며 하나님께서 언제까지 유다의 뻔뻔스러운 패역을 묵과하실지 의문을 품고 있는데 이에 하나님은 갈대아 사람을 통하여 심판하시겠다는 계시로 응답하심

(4) 하나님은 세상의 악보다 훨씬 더 강하심, '의인은 그의 믿음으로 말미암아 살리라'(합2:4)는 성경구절이 나옴

(5) 하박국은 불의의 문제(어떻게 사람들은 악을 행하고도 벌을 받지 않으며, 하나님은 아무 조치도 하지 않는 것처럼 보이는가?)를 가지고 하나님과 대화를 시작하며, 결국 하나님을 신뢰할 수 있는 근거를 얻게 됨

(6) 하나님께서 불의를 묵인하시는 것처럼 보이는 상황에 선지자가 분노함, 하나님의 공의와 능력에 대한 선지자의 확신, 의인의 바른 자세는 하나님께 신실하고 그를 신뢰하는 것, 악인들이 심판을 받게 된다는 것을 확신시켜 주시는 하나님

(7) 악인이 의인을 에워싸며 공의가 굽어짐으로 인해 부르짖어도 하나님께서 응답않는 이유에 대해 기술하고 있음

(8) 하나님의 죄에 대한 인내가 그의 거룩하심과 어떻게 관련될 수 있는가? 하는 중요한 질문에 대해 숙고함

8) 장 구분 1장~2장: 하박국의 질문/혼동된 믿음/하나님께서 하시는 일
3장: 하박국의 찬양/승리의 믿음/하나님의 성품

9) 주요인물 하박국

36. 스바냐(Zephaniah)

1) **책명** 히브리어 성경은 본서의 저자이자 중심인물의 이름대로 '체판야'로 칭함
스바냐 선지자의 이름을 딴 것. 스바냐의 예언

2) **저자** 스바냐

3) **기록연대** BC 630~627년 경

4) **장수** 3장

5) **주제** 시온에 남은 자가 구원됨. '깨끗한 입술'이 오심. '주의 날'

6) **목적** 유다 뿐 아니라 전 세계에 있을 '여호와의 날'을 선포하기 위해 기록했으며 또한 심판 후 남은 자들이 얻게 될 미래의 영광에 대한 약속을 전하기 위함

7) **내용** (1) 본서의 주요 주제는 '여호와의 날'로 그 날은 유다와 열국들의 죄를 벌하기 위한 징계의 날이며 스바냐는 심판에 관해 말한 후 남은 자들이 누리게 될 기쁨을 이야기함
(2) 본서는 하나님이 그 분의 뜻대로 세계를 통치하신다는 것을 말하고 있으며 하나님은 심판주로서 죄에 대하여 심판하시며 종말에 최후의 판결자로서 심판하시는 분이며 그러나 동시에 하나님은 심판 날에 남은 자들을 지키시고 돌보신다는 약속을 말씀하심
(3) 유다 백성들에게 하나님의 심판이 임박했음을 경고하고 회개를 촉구하며 회복의 소망을 주기 위해 기록함
(4) 경건한 왕 요시아가 유다를 하나님께로 돌이키려하는

것을 돕기 위해 하나님께 일으키신 선지자이나 유다가 돌이키기에는 이미 너무 늦었음을 밝히고 있음

(5) 하나님은 자비롭기 때문에 누구나 회개하면 구원해 주심

(6) 유다의 남은 자들을 위한 회복의 말씀과 함께 예루살렘(유다) 주변 국가들에게 임할 무서운 심판에 관한 말씀

(7) 임박한 여호와의 날, 유다의 죄악에 대한 심판, 모든 열국의 하나님이신 여호와, 열국에 대한 심판, 유다의 남은 자들의 궁극적인 구원

(8) 스바냐서는 죄악에 대한 하나님의 심판, 그리고 비천하고 자격이 없는 사람들을 위한 하나님의 은혜로운 구원의 행위를 강력하게 진술함

(9) 남유다 아몬왕의 부도덕과 우상숭배로 반드시 심판받을 것을 선포함(여호와의 큰 날)

(10) 하나님의 우주적 심판(열국)을 단행하심

(11) 남은 자들이 궁극적인 구원

8) 장 구분 1장~3:8: 주의 날에 임할 심판/진노의 날/유다를 향한 심판
3:9~3:20: 주의 날에 임할 구원/기쁨의 날/유다를 향한 회복

9) 주요인물 스바냐

37. 학개(Haggai)

1) **책명** 히브리어 성경은 본서의 저자이자 중심인물의 이름대로 '학가이'로 칭함

학개 선지자의 이름을 딴 것, 학개의 예언

2) **저자** 학개

3) **기록연대** BC 520년 경

4) **장수** 2장

5) **주제** 성전의 재건. 하나님의 집. 예루살렘 성전을 재건

6) **목적** 중단된 성전건축을 속히 마무리 하도록 하기 위해 기록했으며 또한 하나님을 삶의 우선순위에 두는 믿음생활을 독려하기 위함

7) **내용** (1) 학개는 성전건축을 등한히 하는 백성에게 성전건축에 힘쓰라고 권면하였으며 그의 영향력 있는 메시지로 인해 중단되었던 성전이 4년 만에 완공되었음

(2) 본서는 하나님이 언약백성들에게 완전한 순종과 충성을 요구하시는 분이심을 나타내고 있음

(3) 스룹바벨은 5만여 명의 유대인들과 함께 성전을 재건하기 위하여 예루살렘에 돌아왔지만 해가 지나면서 대적들의 방해에 낙심한 나머지 계획을 포기하였음. 학개는 유대인들이 성전재건계획을 끝마치도록 격려하는 메시지를 전하였음

(4) 제1차 포로귀환 후 성전재건 사업이 중단되자 유다총독 스룹바벨에게 더 이상 두려워하지 말고 성전재건에

총력을 기울이라고 강력하게 촉구함

(5) 하나님의 관계에 최우선 순위를 두면 다른 문제들은 자연히 해결될 것임

(6) 예루살렘 성전을 재건하도록 하나님의 백성들을 격려하는 말씀

(7) 하나님의 백성들은 하나님의 임재와 예배의 장소인 성전을 재건할 필요가 있음, 현재의 어려움은 이 일을 완성하지 못한 것에서 비롯됨, 영광스러운 미래가 하나님의 백성들과 스룹바벨(다윗 왕조의 가계)을 기다리고 있음

(8) 학개에서 중요한 사실은 하나님의 백성들은 하나님께서 거하시는 백성들(성전의 역할)이 되어야 한다는 것임

(9) 하나님의 백성들이 하나님을 최우선 순위로 살도록 하기 위해 하나님께서 세우신 선지자로서 바벨론에서 돌아와 성전재건이 백성들의 첫 번째 임무임을 상기시키며 불순종에 대해 경고함

8) 장 구분 1장: 제2성전의 완공/첫 번째 책망(현재)

2:1~2:9: 제2성전의 영광/첫 번째 위로(미래)

2:10~2:19: 순종에 대한 현재적 축복/두 번째 책망(현재)

2:20~2:23: 약속을 통한 미래의 축복/두 번째 위로(미래)

9) 주요인물 학개, 스룹바벨

38. 스가랴(Zechariah)

1) **책명** 히브리어 성경은 본서의 저자이자 중심인물의 이름대로 '제카르야'로 칭함

스가랴 선지자의 이름을 딴 것. 스가랴의 예언

2) **저자** 스가랴

3) **기록연대** BC 518년 경

4) **장수** 14장

5) **주제** 성전의 재건. 시온에 남은 자가 구원됨

6) **목적** 중단된 성전건축을 속히 마무리하여 이스라엘에 영적부흥을 가져오게 하기 위해 기록했으며 또한 메시아 왕국을 기대해 현재의 고통과 아픔을 극복하도록 하기위함

7) **내용** (1) 본서는 신비한 환상을 담고 있는 책이며 이 환상은 메시아의 사역과 관련이 있으며 스가랴는 성전재건을 통해 예배를 회복하도록 하고 궁극적으로는 메시아를 통한 승리를 기대하도록 함

(2) 본서는 성전에 나타나시는 하나님의 영광과 임재가 특히 후반부에서는 기독론과 종말론이 두드러짐. 곧 메시아이신 예수 그리스도를 통한 하나님의 구속의 섭리가 나타나며 말세에 하나님을 믿는 남은 자들이 구원을 받게 될 것을 약속하고 있음

(3) 스가랴는 바벨론 포로생활에서 돌아온 유대인들에게 성전재건을 완수할 것을 독려하며 하나님 나라에서 예루

살렘이 누릴 미래의 위상에 관해 예언하고 있음

(4) 스가랴가 백성들에게 하나님께서 구원자를 보내주실 것을 상기시키고 있음, 구약 서신서 가운데 가장 묵시적(종말에 관한 환상)이며 메시아에 관해 가장 많이 말하고 있음

(5) 포로기 이후에 성전을 재건하도록 공동체와 지도자들을 격려하는 것을 목표로 한 이상들과 장차 죽임을 당하지만 종국에는 승리하실 왕이 오실 것을 예언함

(6) 하나님께서 바벨론에서 돌아온 남은 자들의 공동체와 함께 하시고, 지도자들을 복되게 하실 것임, 예루살렘과 유다의 미래는 밝고, 평화와 영광으로 가득할 것임, 이스라엘의 왕이 승리한 가운데 예루살렘으로 돌아오지만 백성들의 죄악으로 죽임을 당할 것임, 하나님께서 자기 백성의 원수들을 벌하실 것이나, 많은 나라들이 주님을 알게 될 것임

(7) 이스라엘 백성에게 여호와의 언약을 기억하여 중단된 예루살렘 성전재건을 계속해야할 것을 예언함

(8) 가장 묵시적 종말에 관한 환상

8) 장 구분 1장~6장: 여덟 환상/이스라엘의 운명/영상

7장~8장: 네 메시지/이스라엘의 금식/문제

9장~14장: 두 후렴/이스라엘의 미래/예언

9) 주요인물 스가랴

39. 말라기(Malachi)

1) **책명** 히브리어 성경은 본서의 저자이자 중심인물의 이름대로 '말아키'로 칭함
말라기 선지자의 이름을 딴 것. 말라기의 예언

2) **저자** 말라기

3) **기록연대** BC 430년 경

4) **장수** 4장

5) **주제** 불순종하는 백성에게 준 최후의 경고. 구약성경의 마지막 메시지

6) **목적** 영적으로 부패해져가는 이스라엘을 권고하여 하나님에 대한 올바른 예배와 헌신을 회복하도록 하기 위해 기록했으며, 또한 메시아가 오실 것과 그에 앞서 엘리야의 심령과 능력으로 세례요한이 먼저 등장할 것을 알리기 위함

7) **내용** (1) 본서는 하나님을 멸시한 제사장, 온전하지 못한 십일조 등 이스라엘의 위선과 불의를 지적하고 또한 메시아의 길을 예비할 세례요한의 등장을 예언하고 있음

(2) 본서는 하나님의 절대적인 주권을 강조하고 있으며 이스라엘이 하나님과 계약관계에 있음을 보여주고 있으며 이스라엘은 하나님께 순종함으로써 복을 받고 평화를 누릴 수 있는 것임, 또한 본서는 재난의 때인 여호와의 날에 대해 그리고 오직 회개를 통해서 하나님과의 관계를 회복할 수 있음을 말하고 있음

(3) 본서는 포로기 이후의 유대인들에게 하나님을 올바로 예배할 것과 언약이 성취되기를 기다리며 신실하게 살아갈 것을 권면함
(4) 포로귀환 후 제2의 스룹바벨 성전과 예루살렘 성벽이 중건되었음에도 불구하고 느헤미야가 수산궁에 잠깐 갔다 온 사이에 타락했던 이스라엘 백성의 종교와 사회상을 보여줌
(5) 말라기 선지자가 백성들의 죄악을 노골적으로 지적하면서 백성들에게 즉각 회개하고 하나님을 가까이서 따를 것을 촉구함
(6) 여호와께서 자기백성과 여섯 번에 걸친 변론을 통해 미래의 심판을 경고하고 신실한 자들에게 구속을 약속하심
(7) 하나님의 백성은 무관심과 도덕적, 종교적 타락으로 하나님을 무시함, 하나님은 냉담한 태도를 지닌 자기백성을 공의로 심판하실 것임

8) 장 구분 1:1~1:5: 민족의 특권/하나님의 돌보심(사랑)/과거
1:6~3:15: 민족의 타락/하나님의 불평/현재
3:16~4:6: 민족을 향한 약속/하나님의 오심/미래

9) 주요인물 말라기

신 약

1. 복음서 : 마, 막, 눅, 요
   (4권)

2. 역사서 : 행
   (1권)

3 서신서 : 1) 바울서신 : 롬, 고전, 고후, 갈, 엡
(21권) (13권) 빌, 골, 살전, 살후, 딤전,
딤후, 딛, 몬

2) 사도서신 : 히, 약, 벧전, 벧후, 요일
(8권) 요이, 요삼, 유

4 예언서 : 계
(1권)

1. 마태복음(Matthew)

1) **책명** 헬라어 표제는 '카타 마타이온'으로 '마태에 의한, 마태에 따르면'의 의미
마태의 이름을 딴 것. 마태가 기록한 기쁜 소식

2) **저자** 마태

3) **기록연대** AD 50~80년 경

4) **장수** 28장

5) **주제** 메시아이신 예수(왕). 유대인을 위한 메시아. 나사렛 예수를 유대인들의 왕, 메시아로 소개. 수신인: 유대인

6) **목적** 믿지 않는 유대인들에게 예수님이 이스라엘이 기다리던 메시아이심을 알려주고 예수님의 행적을 기록으로 남김으로써 예수님을 알지 못하는 사람들이 복음을 듣도록 하기 위함

7) **내용** (1) 마태는 예수님을 약속된 메시아이시요 다윗왕가의 후손으로 표현하며 본서는 구약의 예언 성취를 강조하고 있으며 특히 믿지 않는 유대인들에게 예수님이 메시아이심을 증거함

(2) 본서는 예수님이 하나님이시며 동시에 인간이심을 증거하고 있으며 또한 예수님이 이 땅에 오신 목적이 온 인류의 죄를 사해주시기 위해서라고 말하고 있음. 인간의 힘으로는 해결할 수 없는 죄를 위하여 죄 없으신 그리스도께서 십자가에서 대신 죽으셨음을 보여주고 이것은 전적으로 하나님의 은혜임

(3) 구약과 신약을 잇는 가교로써 예수 그리스도의 인격과 사

역을 통해 '율법과 예언의 성취' 되었음을 명확히 드러냄

(4) 마태는 유대인들을 대상으로 예수가 메시아임을 입증하기 위해 '예수의 전기'를 기록함

(5) 예수님의 탄생을 예고하는 데서 이방인들을 제자로 삼는 사명을 위임하기까지의 교훈을 포함한 예수님의 이야기

(6) 예수님은 하나님의 아들이자 유대인의(메시아적) 왕이심, 예수님은 기적적인 권능으로 우리와 함께 하시는 하나님이심, 예수님은 교회의 주인이심, 예수님의 가르치심은 하나님의 백성들을 위해 매우 중요함, 왕국의 복음은 모든 민족(유대인과 이방인 모두)을 위한 것임

(7) 하나님께서 예수님의 죽음과 부활을 통해서 자기 이름을 위해 백성을 구원하시고, 그들을 복음전하는 자들로 세상에 보내어 모든 민족을 제자로 삼으심

(8) 하나님 나라의 왕이신 예수 그리스도가 이스라엘 뿐만 아니라 온 인류를 구원하는 메시아 됨을 증거함

(9) 유대인들에게 나사렛 예수가 유대인들의 왕임을 보여주기 위해 기록함

8) 장 구분 1장~11:1: 무리들을 가르치심/왕의 제안/주제별
11:2~28장: 열두제자를 가르치심/왕을 배척함/연대별

9) 주요인물 예수, 요셉, 마리아, 요한, 베드로, 안드레, 야고보, 빌립, 바돌로매, 도마, 마태, 다대오, 시몬, 유다, 빌라도

2. 마가복음(Mark)

1) 책명 헬라어 표제는 '카타 마르콘'으로 '마가에 의한, 마가에 따르면'의 의미

마가의 이름을 딴 것. 마가가 기록한 기쁜 소식

2) 저자 마가

3) 기록연대 AD 65~70년 경

4) 장수 16장

5) 주제 귀하신 예수(종). 종이 되신 메시아. 예수는 '주의 종'으로 소개. 수신인: 로마인

6) 목적 인류의 죄를 위해 십자가에 못 박히신 예수님의 고난과 승리의 생애를 전하고 그 분의 가르침과 사역을 증거하기 위해 기록함

7) 내용 (1) 본서는 예수님의 생애를 가장 간결하면서도 박진감 넘치게 묘사하고 있으며 40% 이상이 예수님의 마지막 수난주간에 대한 기록이며 특히 종으로서의 예수님을 강조하고 있음

(2) 마가는 예수님이 하나님의 아들이심을 확증하고 있으며 또한 예수님은 메시아이셨지만 인류의 죄를 위해 죽으셔야 하는 고난받는 종으로서의 모습을 잘 보여주고 있음

(3) 역동적인 헬라 그리스도인을 위해 예수님이 하나님의 아들이시며 그리스도 이심을 드러내는데 초점을 맞춤

(4) 로마인을 대상으로 기록한 책으로 마가는 특히 예수의 이적적인 사역을 부각시켜 예수를 나타내고 있음

(5) 세례 받으실 때부터 부활에 이르기까지의 예수님의 이야기, 약 3분의 2가 예수님의 갈릴리 사역을 서술하는 반면 나머지 3분의 1은 예루살렘에서 보낸 예수님의 마지막 한 주를 서술함

(6) 하나님께서 통치하시는 시대(하나님 나라)가 예수님과 함께 도래함, 예수님은 이사야서에서 약속된 새 출애굽을 실현하심, 왕적 메시아가 연약한 인간의 몸을 입고 오셨으며 그의 정체는 알려진 자들 외에는 숨겨짐, 새 출애굽의 방식은 예루살렘에서 예수님이 죽임을 당하시는 것으로 이어짐, 제자도의 길은 십자가를 지고 그를 따르는 것

(7) 하나님은 십자가에 못 박히신 메시아라는 약하고 어리석은 진리를 통해 세상에서 구원을 위해 역사하시는 자신의 권능과 지혜를 보여 주심

(8) 마가는 이방인의 사도로 바울의 1차 선교여행에 동행하였으나 2차 선교여행 시 갈라섰으며(이방인의 할례에 대한 이견) 후에는 동역자, 유익한 자로 평가됨

(9) 로마인들에게 예수님은 구세주요 하나님의 아들로 소개함으로 그들을 예수에게로 회심시키기 위해 기록함

8) 장 구분 1장~10장: 섬기기 위해/말씀과 기적(갈릴리와 베뢰아)

11장~16장: 회생하기 위해/고난(유대와 예루살렘)

9) 주요인물 예수, 요한, 베드로, 야고보, 안드레, 빌립, 바돌로매, 마태, 도마, 다대오, 시몬, 유다, 빌라도, 마리아

3. 누가복음(Luke)

1) **책명** 헬라어 표제는 '카타 루칸'으로 '누가에 따르면'의 의미 누가의 이름을 딴 것. 누가가 기록한 기쁜 소식

2) **저자** 누가

3) **기록연대** AD 58~68년 경

4) **장수** 24장

5) **주제** 인자하신 예수(인자). 인간의 모습. 예수 그리스도를 한 명의 진정한 사람으로 봄. 수신인: 그리스도인(이방인 포함)

6) **목적** 예수님의 생애를 역사적으로 자세히 밝히면서 데오빌로에게 예수님이 인류의 참된 구속자이심을 소개하기 위함

7) **내용** (1) 본서는 예수님의 계보, 출생, 공생애 사역, 죽으심, 부활, 승천까지의 이야기를 자세하고 생생하게 다루고 있으며, 본서는 복음서 가운데 가장 문학적이며 예수님의 인성을 최고의 통찰력으로 풀어냄

(2) 본서는 예수님이 '인자'이심을 강조하며 아울러 성령의 사역과 기도 또한 강조함

(3) 사복음서 중 가장 이해하기 쉬운 누가복음은 모든 믿는 자들의 믿음을 견고케하고 교양 있는 비 기독교인들의 비판에 답하기 위해 기록되었음

(4) 예수님은 하나님이심, 동시에 그 분은 완벽한 인간이어서 우리와 같은 길을 걸으셨음

(5) 예수님의 이야기로 그리스도의 성령께서 이루신 '이스

라엘'의 구원 이야기임, 성령에 의한 예수님의 탄생선언으로 시작하여 그의 승천으로 끝맺음

(6) 하나님의 메시아가 이방인을 하나님의 백성 안에 포함시킬 것이라는 약속과 함께 자기백성인 이스라엘에게 오심, 예수님은 이스라엘의 전통종교가 자신들의 영역 밖으로 쫓아낸 온갖 소외된 자들을 비롯한 잃어버린 자들을 구원하시려고 오심, 예수님의 사역은 성령의 권능으로 수행됨, 죄 사함을 위해서는 예수님의 부활이 반드시 필요함

(7) 누가복음은 '주의 은혜의 해'(4:19)가 가난한 자들과 무력한 자들을 구원하시기 위해 긍휼을 베푸시고 그들을 영접하시는 예수님의 사역과 함께 시작되었음을 강조함

(8) 죄인을 찾아 구원하러 오신 완전한 하나님이시며 완전한 인간으로 오신 예수 그리스도의 삶을 강조함

8) 장 구분 1:1~9:50: 잃어버린 자를 찾으러/기적 중심(이스라엘, 갈릴리)
9:51~24:54: 잃어버린 자를 구하러/말씀 중심(이스라엘, 예루살렘)

9) 주요인물 예수, 요한, 마리아, 베드로, 안드레, 야고보, 빌립, 바돌로매, 도마, 마태, 시므온, 삭개오, 시몬, 유다, 빌라도

4. 요한복음(John)

1) **책명** 헬라어 표제는 '카타 요안넨'으로 '요한에 따르면'의 의미 요한의 이름을 딴 것. 요한이 기록한 기쁜 소식

2) **저자** 요한

3) **기록연대** AD 80~95년 경

4) **장수** 21장

5) **주제** 하나님의 아들이신 예수(아들). 하나님이신 메시아. 하나님으로서의 예수 그리스도를 소개. 수신인: 교회

6) **목적** 하나님의 아들 예수님이 어떤 분이신지 알고 그 분을 믿어 영생을 얻도록 하기위해 기록함

7) **내용** (1) 공관복음과 구별되는 요한복음은 그리스도의 신성과 성육신, 하나님과 예수님의 관계 등에 대한 심오한 내용을 담고 있으며 특히 그리스도의 신성을 강조하는 '나는 …이다'라는 표현이 여러 차례 나옴

(2) 본서의 신학은 3:16에 잘 요약되어 있으며 하나님의 아들 예수 그리스도를 믿는 자마다 멸망하지 않고 영생을 얻게 되는 것이 기독교의 핵심임. 본서 또한 예수님의 신성과 인성을 증언하고 있으며 예수님은 많은 기적을 행하셨으며 인간의 아픔과 슬픔과 고통을 몸소 체험하셨음. 특히 본서는 성령 하나님에 대한 약속을 기록하고 있으며 성령은 예수님을 영접한 자들에게 오셔서 거듭나게 하시며 회개케 하시며 위로하시고 지혜를 주

시며 능력을 주심

(3) 요한은 예수가 하나님의 아들임을 입증하고 있음,

(4) 부활이후의 통찰력 있는 관점에서 서술한 메시아이자 하나님의 아들이신 예수님의 이야기, 예수님은 성육신을 통해 하나님을 알리시고, 십자가를 통해 자기생명을 모든 이들을 위해 내어주심

(5) 예수님은 메시아이자 하나님의 아들이심, 그는 자신의 성육신과 십자가를 통해 하나님의 사랑을 나타내시고 인류를 구속하심, 제자도는 예수님이 사랑하신 것처럼 서로 사랑하는 것임, 예수님은 자신의 사역을 계속할 수 있도록 자기제자들에게 성령을 주실 것임

(6) 공관복음에서는 이스라엘과 당시 세계의 역사에서 예수님이 수행하신 역할에 관심을 두는 반면, 요한복음은 전 역사의 구도-창조에서 시작하여 구속과 그 이후 마지막 부활-에서 예수님이 수행한 하나님의 아들이라는 것은 기독교의 궁극적인 복음임

(7) 말씀이 육신이 되어 오신 예수 그리스도께서 하나님의 아들이시고 메시아이심을 증거함

8) 장 구분 1장~12장: 일곱 가지 기적, 생명을 얻게 하려 함(이스라엘)
13장~21장: 다락방 담화/최고의 기적, 생명을 얻게 하려 함(이스라엘)

9) 주요인물 예수, 요한, 베드로, 안드레, 빌립, 나다나엘, 도마, 유다, 빌라도, 바라바, 마리아, 마르다, 니고데모, 나사로, 빌립, 안드레

5. 사도행진(Acts)

1) **책명** 헬라어 표제는 '프락세이스 아포스톨론'으로 '사도들의 행적'을 의미 사도들의 행적 혹은 성령의 행적이라는 의미, 사도들의 전도기록

2) **저자** 누가

3) **기록연대** AD 61~62년 경

4) **장수** 28장

5) **주제** 교회의 형성, 교회의 사도들, 그리스도인은 예수 그리스도를 위하여 증인되어야 하며 복된 소식을 전해야 함, 대상: 유대인과 이방인 포함

6) **목적** 데오빌로에게 기독교신앙에 대한 확신을 주고 유대인의 박해, 로마의 압제, 헬라사상으로부터의 위협 가운데 복음을 변증하기 위함과 또한 성령의 능력으로 복음이 땅 끝까지 전파되고 교회가 세워지며 신자와 교회의 풍성한 복과 성장이 이루어진다는 사실을 전하기 위함

7) **내용** (1) 사도행전은 누가복음의 후편에 해당하며 땅 끝까지 복음을 전하라는 지상명령을 실천한 선교의 기록이라는 면에서 '선교행전'으로 원동력이 성령이라는 면에서 '성령행전'으로 불림

(2) 본서는 성령의 역사와 사역을 강조하고 있으며 예수님이 약속하신 성령 하나님은 오순절에 제자들에게 임하셨음. 성령님은 그들을 거듭나게 하시고 그들을 인도하시며 그들로 하여금 예수 그리스도의 복음을 증거하게

하셨으며 또한 예수님을 따르는 제자들에게 능력과 은사를 주실 뿐만 아니라 성령충만한 삶을 살게 하심

(3) 예수 그리스도 십자가의 부활과 복음이 어떻게 땅 끝까지 전파되었는가를 증언함

(4) 초대교회가 성령을 받아 조직력을 구비하여 세상에 그리스도를 전하였음

(5) 성령의 권능을 통해 복음이 예루살렘에서 로마로 전해지는 과정을 보여줌

(6) 예수님을 통한 하나님의 구원의 좋은 소식은 유대인들과 이방인들 모두를 위한 것임, 성령께서 교회를 인도하여 복음을 전파하게 하심, 교회가 하나님의 구원과 그 구원에 이방인들이 포함된 것을 하나님의 뜻으로 인식함, 모든 사람들을 위한 하나님의 구원의 뜻은 아무것도 그것을 방해할 수 없음

(7) 복음이 세상에서 진행되고 있는 것은 하나님의 역사이시며, 복음이란 모든 사람들을 위해 그리스도와 성령을 통해서 주시는 구원임

(8) 복음이 예루살렘에서 로마로 전해짐

(9) 베드로(1장~10장)와 바울(11장~28장)의 선교임

8) 장 구분 1:1~8:4: 예루살렘에서 증인됨/유대인/베드로

8:5~12:25: 유대와 사마리아에서 증인됨/사마리아인/빌립

13장~28장: 땅 끝에서 증인됨/이방인/바울

9) 주요인물 베드로, 사울, 삽비라, 아나니아, 스데반, 다비다, 고넬료, 바나바, 디모데, 바울, 실라, 벨릭스, 베스도, 아그립바, 맛디아, 요한, 빌립, 야고보, 루디아

6. 로마서(Romans)

1) **책명** 헬라어 표제는 '프로스 로마이우스'로 '로마인들에게'의 의미이 편지의 수신인인 로마교회 교인들의 이름을 딴 것. 바울이 로마교회에 보낸 편지

2) **저자** 바울

3) **기록연대** AD 56년 경

4) **장수** 16장

5) **주제** 하나님의 의, 그리스도 사업의 성경, 의로움, 믿음으로 의롭다함을 얻는 교리

6) **목적** 바울은 로마를 거쳐 서바나로 갈 계획으로 로마 성도들로 하여금 그의 방문을 준비하도록 하고 그의 사역에 동참하도록 하기 위해 썼음. 또한 로마교회 성도들이 복음의 핵심을 이해하도록 하며 이단으로부터 교회를 보호하고 교회내에 있는 유대인들과 이방인들이 화합과 일치를 이루도록 하기 위함

7) **내용** (1) 모든 사람은 죄로 인해 하나님으로부터 분리되었으며, 이 문제는 누구도 해결할 수 없음. 본서는 이를 해결하는 길이 오직 믿음으로 우리를 의롭다고 여겨주시는 하나님의 은혜뿐임을 강조함

(2) 로마서는 모든 사람이 죄인이지만 죄에서 벗어나 의인이 될 수 있다고 말하고 있으며 곧 믿음으로 의롭게 될 수 있다는 것임. 죄의 대가로 죽어야할 사람이 예수 그리스도를 믿음으로 의롭게 되는 것이며 뿐만 아니라 삶

에서 하나님의 거룩한 백성으로 살아가도록 성령의 인도하심을 받음

(3) 유대인과 이방인 둘 다 포함하는 복음의 보편성을 강조하기 위해 그리고 예수 그리스도의 교회에 믿음으로 말미암는 구원의 교리를 분명하고 포괄적으로 제시함

(4) 구원은 인간의 행위로가 아니라 하나님의 은혜로 얻는 것임을 제시함, 그리스도인이 되는 것의 의미를 밝히고 있음

(5) 복음에 대한 바울의 이해를 제시하는 교훈과 권면의 서신, 복음에 대한 바울의 이해는 예수 그리스도를 믿음으로 말미암아 받은 하나님의 의와 성령의 은사에 근거하여 유대인과 이방인이 함께 하나님의 백성을 이룬다는 것임

(6) 그리스도를 통해 이루어지는 하나님의 구원에서 유대인들의 역할

(7) 오직 은혜로 예수 그리스도에 대한 믿음을 통해 얻으며, 성령으로 효력이 나타나는 구원

(8) 참된 의의 열매는 율법이 아니라 성령을 통해 맺음

(9) 현 시대에 하나님의 백성으로 살려면 성령으로 마음이 변화되어야 함

(10) 본서는 모든 이방인 중에서 모든 민족으로 믿어서 순종케 함으로 시작하여 믿고 순종케 됨으로 결론을 맺음

8) 장 구분 1장~8장: 하나님의 의가 나타남/ 죄, 구원, 성화/교리

9장~11장: 하나님의 의를 변호함/ 주권/교리

12장~16장: 하나님의 의를 적용함/봉사/행위

9) 주요인물 바울

7. 고린도전서(1 Corinthians)

1) **책명** 헬라어 표제는 '프로스 코린티우스 알파'로 '고린도인 들에게 첫 번째의'의 의미
바울이 고린도교회에 보낸 편지 I
고린도교회 교인들에게 보낸 처음 편지

2) **저자** 바울

3) **기록연대** AD 55년 경

4) **장수** 16장

5) **주제** 해결된 교회문제, 교회의 질서, 성화

6) **목적** 글로에의 집 사람들의 말을 통해 고린도교회내의 분쟁에 대한 소식을 듣고 그 문제들을 바로 잡으려는데 있었으며 또 고린도교회에서 온 편지에 제기되어 있는 질문에 대한 답변을 주기 위함

7) **내용** (1) 본서는 당파, 불륜, 소송, 혼인, 우상의 제물, 성찬, 은사, 부활 등의 다양한 문제들을 다루고 있으며 고린도교회의 문제들을 현대 교회에도 적용할 수 있는 문제로 우리에게 많은 교훈을 줌

(2) 본서는 교회내에서 발생하는 여러 가지 윤리 문제를 다루고 있으며 바울은 그리스도께서 십자가의 사랑으로 하나 되게 하신 것처럼 서로 사랑함으로써 문제를 해결하라고 권하고 특별히 본서에서는 그리스도인들에게 위로와 소망을 주는 부활에 대해 언급하고 있으며 곧 부

활의 확실성과 그에 대한 믿음과 소망을 강조하고 있음

(3) 고린도는 매우 번성한 국제도시였으며 다양성과 문화, 상업, 이교숭배, 음란함, 막대한 부 등으로 유명한 곳으로 바울은 고린도교회의 설립자로서 이 교회의 영적 건강에 관해 심히 염려하였으며 그 곳에서 일어난 수많은 문제들에 대한 응답으로 본서를 썼음

(4) 순전한 생활, 사랑으로 가득한 생활을 유지할 것을 강조함

(5) 바울은 주로 행실과 관련된 다양한 문제에 관해서 고린도교회 성도들과 입장을 달리 함, 고린도교회 성도들의 행실은 그리스도의 복음과 성령 안에서 사는 삶에 대한 배반이기도 함

(6) 복음의 중심 메시지인 십자가에 못 박히신 메시아, 하나님의 지혜와 능력인 십자가, 복음과 일치하는 그리스도인의 행실, 성령 안에서 사는 삶의 진정한 본질, 미래에 일어날 그리스도인들의 육체의 부활

(7) 하나님께서 자기백성을 부르시고, 약하고 어리석어 보이는 십자가에 반영된 자신의 형상을 닮을 수 있게 하심, 마침내 하나님께서는 부활로 사망을 이기실 것임

(8) 고린도교회는 사도 바울이 1년 6개월에 걸쳐 큰 애정과 심혈을 기울여 양육한 교회임에도 불구하고 자신의 사도권과 함께 여러 가지 문제가 발생하여 예수 그리스도의 사랑과 섬김의 원리로 제반 문제들에 대한 해답을 제시하고 있음

(9) 교회 안에 심각한 문제들을 다루고 교회로부터 온 질문들에 답함

8) **장 구분** 1장~4장: 분쟁의 보고에 대한 답/교회안의 분쟁/관심
5장~6장: 음행의 보고에 대한 경고/교회안의 무질서/정죄
7장~16장: 질문에 대한 대답/교회안의 어려운 문제들/조언

9) **주요인물** 바울, 아굴라, 브리스길라, 스데바나, 그리스보, 아가이고, 바나바, 가이오, 디모데, 아볼로

8. 고린도후서(2 Corinthians)

1) **책명** 헬라어 표제는 '프로스 코린티우스 베타'로 '고린도인들에게 두 번째'의 의미

바울이 고린도교회에 보낸 편지 Ⅱ

고린도교회 교인들에게 보낸 두 번째 편지

2) **저자** 바울

3) **기록연대** AD 55~56년 경

4) **장수** 13장

5) **주제** 바울의 해명, 바울의 사도에 대한 변명, 바울은 자신사역을 변호하고, 사도적 권위를 입증하고 복음사역의 성격에 관한 원리들을 제시함

6) **목적** 바울자신의 사도직의 정당성을 변호하기 위해 썼으며 고린도교회내의 분쟁을 해결하기 위해 썼음. 그리고 기근으로 인해 어려움에 처한 예루살렘교회를 구제하기 위한 헌금을 모으기 위해 썼으며 바울이 고린도 방문계획을 바꾼 이유를 설명하기 위해 썼음

7) **내용** (1) 본서는 바울의 자서전적 서신으로 바울 개인의 경험과 견해가 많이 들어 있으며 고린도전서에 비해 감정적인 면이 강하며 바울의 인간적인 모습과 복음을 위한 그의 고난의 생애가 잘 나타나 있음

(2) 본서는 하나님의 선하심이 사단의 세력을 이기고 있음을 보여주며 사단은 온갖 방법으로 성도를 유혹하고 혼

란을 일으키지만 하나님과 예수 그리스도 그리고 성령의 인도하심을 의지할 때 사단을 이길 수 있음을 보여줌, 또한 구제는 교회의 사명이자 의무임을 강조하고 그리스도의 몸 된 교회는 복음을 전하고 하나님께 예배를 드리며 가난한 형제들에게 사랑을 나누어 주어야 하는 것임

(3) 고린도후서 역시 전서와 마찬가지로 고린도교회의 여러 가지 상황에 대한 바울의 답변을 담고 있으며 한편으로 바울은 여러 부분에서 바울의 책망을 유념한 고린도교인들을 위로하고 감사의 마음을 전하고자 했음

(4) 바울이 그리스도의 사도로서 자신의 위치를 확고히 세움

(5) 주로 고린도교회와 바울 사이의 악화된 관계를 다루고, 그 과정에서 몇 가지 다른 문제들(바울의 사역, 예루살렘의 가난한 성도들을 위한 연보, 고린도교회에 침입한 유대 그리스도인 순회 전도자들)도 함께 다룸

(6) – 그리스도의 사역을 반영하는 섬김으로써의 기독교 사역
- 옛 언약과 대조하여 새 언약이 지닌 더 큰 영광
- 사역자들의 연약함을 통해 드러나는 복음의 영광
- 화목으로써의 복음
- 의무감이 아니라 관대한 마음으로 가난한 형제들을 구제함

(7) 고린도후서는 십자가의 약함에서 가장 강력하게 나타난 그의 사랑의 은혜를 강조하기 때문임, 바울은 또한 십자가의 약함이 제자도의 유일한 참된 표현이라고 주장

함, 따라서 그는 자신의 약함을 자랑하는데 주저하지 않음, 그이유는 자신의 약함을 통해서 은혜의 복음이 드러나고, 하나님의 진정한 능력이 세상에서 역사하시기 때문임

(8) 바울은 예수 그리스도의 사도로서 자신의 권위를 분명히 강조하기 위해 그리고 다수가 자신의 사역에 대한 호의적 반응에 대해 감사하기 위해서, 또한 헌금에 대한 올바른 태도에 대해 썼음

(9) 미해결 과제인 음행의 문제와 연보와 사도 바울의 사도직에 대한 비난을 불식 시키기 위해 쓴 편지

(10) 고린도후서의 내용순서: 고후10~13장 → 고후1장~9장

8) 장 구분 1장~7장: 바울사역에 대한 설명, 바울의 성품

8장~9장: 성도들을 위한 연보, 성도를 위한 연보

10장~13장: 사도직에 대한 바울의 변호, 바울의 사도 자격

9) 주요인물 바울, 디모데

9. 갈라디아서(Galatians)

1) **책명** 헬라어 표제는 '프로스 갈라타스'로 '갈라디아인 들에게'의 의미

수신인인 갈라디아교회 교인들의 이름을 딴 것

바울이 갈라디아교회에 보낸 편지

2) **저자** 바울

3) **기록연대** AD 53~56년 경

4) **장수** 6장

5) **주제** 자유의 복음. 율법이 아니라 은혜로. 그리스도인의 자유

예수 그리스도를 자신의 구주로 영접한 사람들은 해방됨

영적자유를 누리는 것(율법주의에서 해방됨)

6) **목적** 의롭게 되기 위해서 유대인의 율법을 반드시 지켜야 한다고 주장하는 거짓 교사들을 대적하고 오직 믿음으로 의롭게 됨을 변증하기 위해 썼으며 또한 바울 자신의 사도권의 정당성을 밝히고 자신이 전한 복음을 확증하기 위해 썼음

7) **내용** (1) 본서는 율법적으로 전락해 가는 성도들에게 복음을 수호하고 성령을 좇는 삶을 살도록 가르치고 있으며 복음, 율법, 의에 관해 진술한 본서는 로마서와 함께 종교개혁의 근거가 된 성경임

(2) 본서는 사람이 오직 예수 그리스도를 믿음으로써만 의롭게 된다고 말하며 또한 사람은 율법적인 행위가 아니라 성령의 은혜와 능력으로 성화된다고 말함

(3) 바울의 사도적 권위를 보호하기 위해(자신이 선택받은

진정한 사도 주장), 그리고 구원은 오직 믿음에 의한 것이라는 진리를 다시 확증하기 위함

(4) 바울이 유대주의자들과 맞서고 있었음, 그들은 갈라디아 교인들이 그리스도 안에서 자유를 얻지 못하게 훼방하고 있었음

(5) 하나님의 백성 안에 포함되기를 바라는 이방인들은 할례를 받아야 한다고 주장하는 일부 유대 그리스도인들에 대항하여 사도 바울이 갈라디아 신자들과 벌인 격렬한 논쟁

(6) 갈라디아의 교회들 안에 바울의 복음과 사도권에 의문을 제기하는 선동가들이 침투함, 갈라디아 교인들 가운데 일부가 그들에게 속아 넘어갈 상황이었음, 따라서 바울은 자신의 복음과 소명을 강력하게 변증함

(7) 바울의 사도권과 복음은 사람의 생각이 아니라 하나님과 그리스도에게서 직접 유래한 것임, 예수님의 죽음 때문에 유대인의 종교적 규율에 얽매일 필요가 없게 되었음, 성령은 율법으로 성취할 수 없던 의의 열매를 맺게 하심, 성령은 신자들이 죄악된 욕망에 굴복하지 않게 능력을 주심, 예수 그리스도를 믿는 믿음을 통해서 성령을 받음

(8) 바울의 사도권과 예수 그리스도의 십자가의 복음에 대한 강력한 변증(이단들=유대주의자들)

8) 장 구분 1장~2장: 은혜의 복음을 변증함/자서전적 설명/진정한 자유

3장~4장: 은혜의 복음을 설명함/교리적 설명/자유에 대한 논쟁

5장~6장: 은혜의 복음을 적용함/실제적 권면/자유를 적용함

9) 주요인물 바울, 디도, 바나바, 베드로, 야고보, 요한

10. 에베소서(Ephesians)

1) **책명** 헬라어 표제는 '프로스 에페시우스'로 '에베소인 들에게'의 의미
수신인인 에베소교회 교인들의 이름을 딴 것
바울이 에베소교회에 보낸 편지

2) **저자** 바울

3) **기록연대** AD 61~63년 경

4) **장수** 6장

5) **주제** 그리스도 안에서의 높임, 교회의 단결, 그리스도의 몸인 교회

6) **목적** 감옥에 갇혀 있어서 에베소에 직접 갈 수 없었기에 서신으로 권면의 말씀을 전하기 위해 썼으며 당시 아시아의 교회들에는 이방인과 유대인이 섞여 있어 늘 분열의 위험이 있었는데 그리스도의 몸인 교회의 비밀과 성도들에게 주어진 풍성한 복을 알도록 하기 위해 썼음

7) **내용** (1) 본서는 옥중서신 가운데 하나이며 전반부에서는 하나님의 선택, 화해, 교회 등에 대한 교리적 내용들을 체계적으로 다루고 있고, 후반부에서는 그리스도인의 실제 삶의 기본원칙들을 제시해주고 있음

(2) 본서에 나타난 주요핵심은 교회와 성령으로 교회는 본서 전면에 흐르는 주제로써 교회를 '그리스도의 몸', '그리스도의 신부', '성령의 전'이라고 묘사하고 있음. 그 가운데서도 가장 잘 정의한 것은 '그리스도의 몸'된 교

회인데 그리스도는 바로 몸의 머리시며 또한 본서는 교회의 하나됨에 대해서도 강조함

(3) 소아시아의 그리스도인들에게 그리스도의 몸인 교회에 속한 사람들의 특권과 의무에 관하여 가르치기 위함

(4) 바울이 로마의 가택연금 상태에서 기록한 옥중서신으로 영광스런 교회(그리스도의 몸인 교회)가 무엇인가를 가르침

(5) 교회의 목적과 그리스도인의 관계를 제시함

(6) '권세들'(6:12)을 배경으로 한 격려와 권면의 서신, 그리스도께서 유대인과 이방인들을 하나님의 백성이 되게 하신 것을 그의 궁극적인 승리와 영광을 묘사함

(7) 그리스도의 사역의 우주적 범위, 그리스도께서 십자가를 통해 이루신 유대인들과 이방인들의 화목, 교회를 위해 '권세들'을 정복하신 그리스도의 우월성, 성령의 하나 됨을 반영하는 그리스도인의 행위

(8) 바울이 그리스도의 영광을 더 깊이 성찰하고, 아시아 교인들이 '어두운 세상의 권세들'을 두려워 한다는 것을 알고 서신을 써 보냄

(9) 이땅에 탄생한 교회가 영광스런 그리스도의 몸이라는 사실을 강조함

(10) 서신의 여왕, 어두운 세상의 권세들, 그리스도의 우월성

8) 장 구분 1장~3장: 그리스도인의 위치/믿음/그리스도인의 특권
4장~6장: 그리스도인의 행위/행위/그리스도인의 책임감

9) 주요인물 바울

11. 빌립보서(Philippians)

1) **책명** 헬라어 표제는 '프로스 필리페시우스'로 '빌립보인들에게'의 의미

2) **저자** 바울

3) **기록연대** AD 61~63년 경

4) **장수** 4장

5) **주제** 일치의 중요성. 설교자의 편지

6) **목적** 빌립보 교인들이 베풀어준 호의에 감사하고 에바브로디도로 인해 근심하는 교인들을 안심시키기 위해 썼으며 유대주의적 율법주의자와 반도덕주의자들이 위협하고 있다는 소식을 전해 듣고 빌립보교회에 필요한 영적지침을 주기 위해 기록함

7) **내용** (1) 본서는 기독론의 핵심이 잘 드러나 있으며 교리적 설교나 공식적인 권면보다는 개인적인 성격을 띠고 있으며 하나 됨. 낮아짐, 순종, 거룩함, 견고함, 주 안에서 기뻐함 등의 영적지침을 담고 있음

(2) 본서는 하나님아들의 성육신에 대한 것으로, 그리고 '떠나서 그리스도와 함께 있는 것이 훨씬 더 좋은 일이라'고 하는 바울의 말은 이 세상을 떠난 성도들이 천국에서 행복하게 살 것을 암시하는 것으로 신학적으로 매우 중요함

(3) 바울은 자신에게 헌금을 보내준 빌립보 신자들에게 감사하기 위해 이 편지를 썼으며 그리스도의 복음을 여전

히 전파하고 있다는 것을 알려주고 바울이 풀려나면 그들을 방문하기 원한다는 마음을 전하기 위해 썼음

(4) 교회 안에 일어난 두 부녀 유오디아와 순두게 사이에게 시작된 다툼과 허영 등의 문제를 크게 다루면서 상실한 제자도의 회복을 촉구하고, 교회가 예수 그리스도의 마음을 품길 원하며 지극히 높으신 하나님의 아들이신 예수 그리스도의 낮아지심의 그 놀라운 겸비와 섬김을 교회 안에서 실현하기를 소원함

(5) 환경이 어떻든 상관없이 예수 그리스도 안에서 기뻐할 수 있음을 강조함

(6) 고난을 당하며, 내적인 어려움을 격고 있는 빌립보의 그리스도인 공동체를 향한 바울의 감사와 격려와 권면을 담은 서신

(7) 바울과 빌립보 교인들의 복음을 위한 협력, 처음부터 마지막까지 삶 전체의 열쇠가 되시는 그리스도, 그리스도의 죽으심을 본받음으로써 즉, 다른 사람들을 위해 희생함으로써 그를 알아감, 고난 중에서도 그리스도 안에서 기뻐함, 겸손과 사랑을 통한 연합, 최후에 받을 상의 확실함과 상을 추구함

(8) '그리스도를 아는' 것은 그리스도께서 성육신과 십자가의 죽음을 통해 보여 주신 대로 신앙공동체 안에서 살고 행하는 것을 의미함

8) 장 구분 1장: 상황기술/그리스도의 동반자/고난/경험

2장: 그리스도의 마음을 갖도록 호소/그리스도의 백성/

복종/모범

3장: 그리스도의 지식을 갖도록 호소/그리스도를 따라감/구원/권고

4장: 그리스도의 평강을 갖도록 호소/그리스도의 능력/성화/권고

9) **주요인물** 바울, 디모데, 에바브로디도

12. 골로새서(Colossians)

1) **책명** 헬라어 표제는 '프로스 골로사에이스'로 '골로새인 들에게'의 의미
수신인인 골로새교회 교인들의 이름을 딴 것
바울이 골로새교회에 보낸 편지

2) **저자** 바울

3) **기록연대** AD 61~63년 경

4) **장수** 4장

5) **주제** 승천하신 교회의 의미. 예수님의 신성. 예수 그리스도의 신성과 충족하심

6) **목적** 골로새교회에 침투한 혼합주의 이단사상을 배격하기 위함 그리고 골로새교인들이 그리스도 안에 깊이 뿌리를 내리고 세움을 받아 믿음에 굳게 서서 감사하는 생활을 하도록 돕기 위해 기록함

7) **내용** (1) 본서는 뛰어난 기독론을 전개하면서 만물보다 뛰어나신 그리스도의 우월성을 강조하고 있으며 또한 혼합주의 이단을 경계하는 내용과 성도의 바른 삶에 대해 다룸
(2) 본 서신은 중심 내용이 기독론을 묘사하고 있으며 그리스도에 대해 완벽하게 서술함으로써 로마서와 고린도전서의 기독론 보다 뛰어난 기독론을 보여줌. 본서에서 나온 기독론은 그리스도의 신인 양성을 부정하는 이단사상을 불식시키고자 예수님의 신성과 인성을 함께 말한 것임
(3) 교회 안에 침투해 들어온 4대 이단들을 척결하기 위해 바울이 그리스도를 중심으로 쓴 서신

(4) 교회의 머리이신 예수 그리스도는 하나님의 비밀로써 선재하시며 성육신 하시며 구속하시며 영광의 소망이 되신 분

(5) 바울이 이단 사상을 바로 잡음

(6) 자신들이 받은 그리스도의 진리 안에서 계속 살아가도록 격려하고, 외부의 종교적 영향에 대해 경각심을 갖게 할 목적으로 믿은 지 얼마 되지 않은 성도들에게 보낸 편지

(7)– 하나님의 아들이신 그리스도의 절대적 우월성과 충분성

– 그리스도는 죄를 용서하시며, '권세들'에 대한 공포에서 벗어나게 하심

– 종교적 규례들과 규정들은 무가치 하지만 하나님의 형상을 반영하는 윤리적인 삶은 매우 중요함

– 그리스도를 닮은 모든 관계에 영향을 끼침

(8) 골로새서는 그리스도에 대한 찬양을 담고 있으며, 또한 기독교적 행위는 오직 그리스도의 속성과 구속을 반영할 때에만 중요하다는 사실을 일깨워 줌

(9) 골로새교회를 교리적으로 안정시키기 위함(이단적 가르침에 대항)

(10) 골로새교회는 바울의 동역자 에바브라에 의해 개척됨

(11) 서신의 황태자, 이단사상을 바로 잡음

8) 장 구분 1장~2장: 그리스도의 탁월성/우리를 위해 그리스도께서 하신 일/교리적

3장~4장: 그리스도께 복종/우리를 통해 그리스도께서 하시는 일/실제적

9) 주요인물 바울, 디모데, 두기고, 오네시모, 에바브라, 누가, 데마

13. 데살로니가전서(1 Thessalonians)

1) **책명** 헬라어 표제는 '프로스 데살로니케이스 알파'로 '데살로니가 인 들에게 첫 번째'의 의미

바울이 데살로니가교회에 보낸 편지 I

수신인인 데살로니가교회 교인들에게 보낸 처음 편지

2) **저자** 바울

3) **기록연대** AD 50~52년 경

4) **장수** 5장

5) **주제** 재림전의 승리. 주님의 재림. 예수 그리스도의 재림

6) **목적** 믿음으로 박해를 견디고 있는 데살로니가 교인들을 격려하기 위해 그리고 그릇된 종말론 관을 가지고 있는 이들에게 그리스도의 재림에 관한 바른 이해를 주기 위해 기록함

7) **내용** (1) 데살로니가교회는 박해 가운데서도 믿음을 지켰으나 잘못된 종말론으로 인해 위기에 봉착했으며 바울은 성도들에게 재림을 소망하며 현재의 삶에 충실하라고 권고함

(2) 본서에 나타난 핵심적인 사상은 종말에 있을 그리스도의 재림임. 그리스도의 재림은 확실한 사실이므로 신자들은 생계를 버리는 극단적인 종말론자들처럼 되지 말고 그리스도의 재림을 사모하고 예비하는 삶을 살아야 함

(3) 데살로니가 신자들에게 그들을 향한 그의 사랑과 관심을 확신시키고 자신의 교회를 위해 다시 오실 주 예수의 재림에 대한 진리를 명확히 하기위해 그리고 거룩하

고 주님을 기쁘게 하는 삶을 살도록 그들을 격려하기 위해 썼음

(4) 예수 그리스도의 재림에 관한 교훈을 주기 전에 먼저 그들에게 거룩한 삶을 먼저 요구함

(5) 장차 그리스도께서 재림하여 악을 심판하실 것임을 강조함

(6) 최근에 그리스도를 믿는 이방인 신자들을 위한 감사와 격려와 권면과 교훈의 서신

(7) 데살로니가에 있는 친구들에 대한 바울의 애정 어린 관심, 그리스도인의 삶의 일부인 고난, 성적인 문제와 관련해서 요구되는 거룩함, 자기 일을 하고 타인의 도움에 의존하면 안 된다는 교훈, 죽은 그리스도인들의 부활, 그리스도의 재림에 대한 준비

(8) 데살로니가전서는 현재의 이야기를 완성하실 우리 주님의 확실한 재림을 기다리는 기독교 공동체의 내적 관계들을 세우는데 유익한 교훈들로 가득함

(9) 예수 그리스도의 재림에 대한 지식의 부족과 경건한 삶(가정)의 위기를 다룸

(10) 예수 그리스도의 십자가와 부활에 대한 진리를 기술하고 있음

8) 장 구분 1장~3장: 데살로니가 인들에 대한 소견/개인적 경험/회상
4장~5장: 데살로니가 인들에게 주는 교훈/실제적 권면/기대

9) 주요인물 바울, 디모데

14. 데살로니가후서(2 Thessalonians)

1) **책명** 헬라어 표제는 '프로스 데살로니케이스 베타'로 '데살로니가인 들에게 두 번째'의 의미
바울이 데살로니가교회에 보낸 편지Ⅱ
수신인인 데살로니가교회 교인들에게 보낸 두 번째 편지

2) **저자** 바울

3) **기록연대** AD 50~52년 경

4) **장수** 3장

5) **주제** 재림전의 환란. 주님의 재림. '주의 날'(대환란) 가운데 있는 것이 아님

6) **목적** 그릇된 종말론 관을 가지고 있는 이들에게 그리스도의 재림을 바르게 이해시키고 종말을 핑계로 성실하지 않았던 사람들을 바로 잡기 위해 그리고 박해의 상황에서 더욱 인내하도록 격려하기 위해 기록함

7) **내용** (1) 데살로니가교회는 바울의 편지를 받은 후 재림에 대해 오해하여 어떤 성도들은 종말이 왔다며 일을 하지 않으므로 이에 바울은 재림에 대한 오해를 불식시키기 위해 본서를 다시 썼음
(2) 본서에 나타난 핵심적인 사상은 종말의 시기와 종말에 있을 여러 가지 현상 가운데 배도에 관한 내용이며 예수님도 종말이 되면 기독교를 배도하거나 적그리스도가 나타날 것에 대해 말씀해 주셨음
(3) 데살로니가교회의 문제를 다루고(즉, '주의 날'(대환란)

이 이미 왔다고 하는 오류) 그리고 문제가 있는 신자들에 대한 징계문제에 관해 말할 필요가 있다고 느낌

(4) 데살로니가전서에서 권면했던 내용들을 재확인하며 그 결과를 보고 받고 교회가 취할 방향성을 제시하고 있음

(5) 그리스도의 재림을 준비해야 하지만 책임과 의무를 저버려서는 안 됨을 강조함

(6) 고난에 직면한 성도들을 격려하고, 주님의 재림과 관련해서 현혹되지 않도록 경고하며, 다른 이들에게 의존하지 말고 자기 손으로 일할 것을 권면하는 편지

(7) 데살로니가 신자들의 확실한 구원과 그들을 핍박하는 자들에 대한 확실한 심판, 주님의 날이 아직 임하지 않았으며 그 전에 '반역'이 있을 것임, 무위도식하는 게으른 자들은 자기 양식을 위해 일해야 함

(8) 데살로니가후서는 오직 그리스도께서 미래에 대한 열쇠를 쥐고 계신다는 것과 자신의 때에 원수를 단번에 패배시킬 그리스도를 신뢰할 수 있다는 것임, 한편 서로 사랑하는 것은 상대방의 친절을 자기 이익을 위해 이용하지 않는 것임을 알려 줌

(9) 교회가 더욱 견고한 재림신앙으로 세워져야 할 필요성을 느끼고 기술한 서신(무위도식하는 삶을 경계)

8) 장 구분 1장: 핍박에 대한 바울의 격려/낙심한 신자들/저들의 삶을 감사

2장: 주의 날에 대한 바울의 설명/혼돈된 신자들/교리를 설명함

3장: 교회에 대한 바울의 권고/불순종하는 자들/ 저들의 행실을 교정

9) 주요인물 바울, 실루아노, 디모데

15. 디모데전서(1 Timothy)

1) **책명** 헬라어 표제는 '프로스 티모테온 알파'로 '디모데에게 첫 번째'의 의미

바울이 디모데에게 보낸 편지 I

수신인인 디모데라는 청년에게 보낸 처음 편지

2) **저자** 바울

3) **기록연대** AD 63년 경

4) **장수** 6장

5) **주제** 디모데에게 맡김. 에베소교회에 대한 걱정. 지역교회의 올바른 사역과 운영

6) **목적** 디모데가 목회사역의 책임을 합당하게 감당하도록 일깨우기 위해 기록했으며 거짓된 영지주의의 이단교리를 배격하고 성도들이 바른 신앙을 갖도록 하기 위해 기록했음

7) **내용** (1) 본서는 바울이 에베소에서 목회를 하고 있던 디모데에게 보낸 목회서신으로 개인에게 보낸 편지이지만 이단사상이나 성도의 신앙생활 등 교회의 공적인 문제에 대해서도 다루고 있음

(2) 본서는 목회의 본질과 올바른 방향을 제시하고 있으며 이원론적인 영지주의의 이단사상에 대항하여 올바른 교회를 말하고 있으며 이에 대해 성도들은 성경적 세계관과 복음적인 교회론에 입각하여 올바른 신앙을 가져야 할 것임

(3) 바울은 에베소에 일어난 거짓 교훈과 맞서기 위해 에베소교회로 파송한 디모데에게 이 편지를 썼으며 바울의 측근인 디모데를 격려하는 편지임. 여러 반론과 이단에 맞서 기독교 사역의 본질을 다루는 편지를 기록하였으며 바울은 디모데에게 거짓 교사들의 잘못을 밝히고 교회 안에 선한 질서와 거룩함을 지키도록 권면하라고 말함

(4) 젊은 나이에도 불구하고 그가 담대함을 가지고 바른 복음을 증거 할 뿐만 아니라 교회의 각종 행정 및 교육을 바르게 수행하길 바람

(5) 젊은 혈기로 하나님을 위한 성결한 삶을 그르치지 말라고 충고함

(6) 거짓 교사들의 인격과 가르침에 대한 비판, 그들로 인해 위기에 처한 공동체의 여러 가지 문제들에 관한 교훈과 서신의 여러 부분에서 제시된 디모데를 격려하는 말

(7)- 모든 사람들에게 나타난 하나님의 자비인 복음의 진리
- 교회 지도자들의 인격과 자격 요건들
- 거짓 가르침, 금욕주의, 그리고 변론과 돈을 사랑하는 것은 교회 지도자에게 합당하지 않음
- 디모데는 복음을 굳게 붙잡음으로써 순진한 기독교적 인격과 본이 되어야 함

(8) 디모데전서는 하나님의 백성을 위한 좋은 지도자의 역할을 강조함으로써 구약성경에 나타나는 거짓 선지자들과 참선지자들 간의 대조를 반영하고 있음

(9) 바울은 디모데가 자신에게 맡겨진 교회를 잘 돌보고 이

끌 수 있도록 하기 위해 그리고 교회 안에 있는 이들에게 그들의 의무에 대해 교훈하기 위해 썼음

(10) 예수 그리스도 십자가의 부활의 복음으로 교회를 세우고 직분을 주시는 하나님

(11) 에베소교회를 담임하고 있는 디모데에게 보낸 목회서신

8) 장 구분 1장: 잘못된 교회의 문제/거짓 교리의 위험/교리/경고

2장~3장: 공중예배와 지도력/예배에 방향 제시/공중예배/예배

4장: 바른 교회를 지킴/거짓 선생들에 대한 방비/거짓 선생들/지혜

5장: 과부와 장로들을 대하는 법/다른 사람들에 대한 의무/교회치리/과부들

6장: 목회동기/부한 자들을 교육함/목회동기/재물

9) 주요인물 바울, 디모데

16. 디모데후서(2 Timothy)

1) **책명** 헬라어 표제는 '프로스 티모테온 베타'로 '디모데에게 두 번째'의 의미
바울이 디모데에게 보낸 편지Ⅱ
수신인인 디모데라는 청년에게 보낸 두 번째 편지

2) **저자** 바울

3) **기록연대** AD 66~67년 경

4) **장수** 4장

5) **주제** 교회를 가르침. 바울의 최후의 말. 바울이 순교를 앞두고 디모데에게 보낸 최후의 편지(일종의 유언임)

6) **목적** 디모데로 하여금 다가올 박해에 대처하여 복음과 신앙을 다시 고백하고 자신의 직무에 충실하도록 하기 위해 썼으며 디모데를 만나 위로와 사랑의 교제를 나누기를 원한다고 전하고 또 디모데가 올 때 드로아에 두고 온 겉옷과 책들을 가져오도록 하기 위해 기록했음

7) **내용** (1) 본서는 바울이 임종 직전 사랑하는 후계자 디모데에게 주는 유언과 같은 편지이며 디모데전서보다 더 개인적인 내용이며 신실한 사역자의 특성 및 바울의 회고담이 잘 나타나 있음
(2) 본서는 성령의 사역에 대해 언급하고 있으며 성령께서는 하나님의 자녀들을 거듭나게 하시고 사랑하시며 훈련시키심. 또한 본서는 성경이 임의로 쓰인 것이 아니라 성령께서 각 저자들의 마음을 감동시키셔서 오류가 없도록 기록하게 하신 것임을 강조하고 있음

(3) 디모데가 복음과 함께 고난 받기를 두려워하지 않기를 원하셨음
(4) 바울로부터 배우고 확신한 것들을 또 다른 충성된 자들에게 전수해 주길 소망함
(5) 인생의 종착역에서 다다른 바울이 신뢰하는 동역자이자 아들 같은 수제자 디모데에게 마지막 말을 남김
(6) 그리스도, 복음, 바울에 대한 충성을 끝까지 지키라고 디모데에게 권고하는 내용과 거짓 교사들에 대한 마지막 경고, 대부분의 내용은 바울이 디모데에게 남기는 일종의 유언임
(7) 사망을 폐하시고 복음으로써 생명과 썩지 아니할 것을 드러내신 그리스도의 구원능력, 고난과 어려움 속에서 참고 견딤으로써 그리스도께 끝까지 충성함, 그들 사이의 오랜 관계를 회상함으로써 바울에 대한 충정을 지킴, 말씀을 선포하고 가르치는 일에 신실함으로써 복음에 대해 충성함, 거짓 교훈이 심각하게 유포되고 있으나 결국 소멸될 것임, 그리스도께 속한 사람들의 최종적인 구원
(8) 디모데후서와 함께 성경이야기에서 바울의 역할은 끝남, 바울은 복음에 신실해야 함을 강조함
(9) 디모데 사역을 격려하기 위해서 또한 디모데에게 강하고 사역에 신실하라고 권면함

8) 장 구분 1장~2장: 현재의 시험을 인내하라/복음의 능력(상기)/복음으로 인한 인내(자격)
3장~4장: 장래의 시험을 견디어라/복음의 수호자(저항)/복음의 선포(요청)

9) 주요인물 바울, 디모데

17. 디도서(Titus)

1) **책명** 헬라어 표제는 '프로스 티톤'으로 '디도에게'의 의미
바울이 다도에게 보낸 편지
디도라는 젊은 목회자에게 보낸 편지

2) **저자** 바울

3) **기록연대** AD 63~66년 경

4) **장수** 3장

5) **주제** 진리가 없는 선생들이 고발, 그레데교회에 대하여, 지역교회의 올바른 운영과 올바른 사역의 중요성

6) **목적** 그레데 섬에 있는 교회들을 조직하고 감독하는 디도의 목회 사역을 격려하기 위해 기록했으며 거짓 교사의 가르침과 이단사상을 경계하고 그레데교회를 진리 가운데 바르게 세우기 위해 썼음

7) **내용** (1) 본서는 바울이 그레데 섬에서 목회하는 디도에게 목회지침을 주고자 쓴 편지이며 짧은 내용이지만 신학적인 논조가 짙고 그리스도의 재림과 구원론을 명확하게 제시하고 있음
(2) 본서는 기독교 신앙의 중요한 교리들을 다루고 있으며 예수 그리스도를 믿음으로써 얻는 영원한 생명. 하나님의 절대주권에 따른 선택, 성육신, 구원의 보편성, 종말과 재림 등을 언급하고 있음
(3) 본서는 바울이 이방인 출신 그리스도인 동역자 디도에게 보낸 편지임

(4) 바울은 디도로 하여금 그레데 섬의 교회에 필요한 조직 문제를 잘 끝마치기 위해서 그리고 믿음의 교리를 잘 가르치고 거짓 교사들을 물리치라고 격려함

(5) 교회의 행정조직을 구성하며 신앙의 기초를 잘 세우도록 기술한 서신임

(6) 사도 바울이 디도라는 젊은 목회자에게 훌륭한 교회지도자들을 택하라고 구체적으로 가르침

(7) 일부 거짓 교사들을 배경으로 자격을 갖춘 장로들의 임명과 다양한 사회적 집단을 위한 교훈을 포함하여 그레데에 있는 교회를 바로 세우기 위해 디도에게 주는 교훈

(8) 하나님의 백성은 선해야 하고 선을 행하여야 함, 특히 교회지도자들이 이렇게 해야 함, 은혜의 복음은 유대율법에 근거한 거짓 교훈과 대조됨

(9) 디도서의 의의는 선행을 종교적 행위와 혼동하지 않는 한 은혜와 선행이 서로 상반된 것이 아니라는 바울의 주장임

(10) 디도가 감당해야 할 제반 목회 지침이 기록됨

(11) 주님의 교양과 훈계로 잘 양육하는 일임

(12) 디도는 그레데교회의 담임 목회자(그레데 섬)

8) 장 구분 1장: 장로 바로 세우기/자격있는 장로 세우기(조직)/
거짓 선생들을 책망함(훼방자)
2장~3장: 질서 바로잡기/바른 교리를 설명함(교육)/
선한 일을 계속함(순종)

9) 주요인물 바울, 디도

18. 빌레몬서(Philemon)

1) **책명** 헬라어 표제는 '프로스 필레모나'로서 '빌레몬에게'의 의미
바울이 빌레몬에게 보낸 편지
빌레몬이라는 부유한 그리스도인에게 보낸 편지

2) **저자** 바울

3) **기록연대** AD 62년 경

4) **장수** 1장

5) **주제** 오네시모의 용서. 도망간 노예의 회심. 오네시모를 용서하고 복직시키며 새로운 형제로 받으라고 씀

6) **목적** 빌레몬이 너그러운 마음으로 오네시모를 용서하도록 하기 위해 기록했으며 빌레몬의 허락을 받고 오네시모를 바울의 동역자로 삼기 위해 기록했음

7) **내용** (1) 본서는 바울이 빌레몬에게 그의 노예였던 오네시모를 대신하여 쓴 짧은 편지로써 오네시모의 허물을 형제의 사랑으로 용서해줄 것과 오네시모가 자신의 동역자로 사역하도록 허락해줄 것을 부탁함

(2) 본서는 죄에 대해 언급하고 있는데 그 가운데에서도 사람과 사람과의 관계에서 범한 죄에 대해 말하고 있으며 또한 교회 공동체의 교제에 대해 언급하는데 특히 그리스도의 사랑 안에서 서로 용납하고 교제를 나눌 때 사회적, 경제적 장벽이 허물어지다는 사실을 보여주고 있음

(3) 본서는 바울이 빌레몬에게 보내는 개인적인 서신으로 도망친 종 오네시모를 용서해줄 것을 청하는 내용으로 바울은

오네시모를 용서하고 더 나아가 그를 해방시켜 주기를 원했음. 오네시모는 빌레몬의 돈을 훔친 후 달아나 로마에 있는 바울을 만났고 그곳에서 자기 죄를 고백하고 예수님을 믿게 된 것으로 보임

(4) 노예 오네시모를 중재하기 위해 그의 친구인 빌레몬에게 개인적인 편지를 씀

(5) 바울이 빌레몬에게 그의 도망친 노예를 용서해 주라고 청함

(6) 빌레몬서의 유일한 목적은 아마도 주인 된 빌레몬에게서 도망친 오네시모라는 종의 용서를 간청하는데 있음

(7) 복음은 유대인(바울)과 이방인(빌레몬)은 물론, 도망친 종(오네시모)과 주인을 화해시키고, 그들을 형제가 되게 함

(8) 사적인 성격이 강한 이 서신이 성경에 포함된 것은 복음의 진리가 역사와 그 역사에 대한 신학적 해석에만 국한된 것이 아니라, 이야기 안에도 존재하기 때문임

(9) 바울이 옥중에서 만나 개종하였던 오네시모가 빌레몬의 종이었다는 사실을 알고 빌레몬에게 오네시모를 한 형제로서 너그럽게 용납해 줄 것을 부탁한 개인편지

8) 장 구분 1:1~1:7: 감사기도/빌레몬의 사랑을 칭찬함/빌레몬을 칭찬/빌레몬의 성품

1:8~1:16: 오네시모를 위한 탄원/오네시모를 위한 바울의 탄원/바울의 탄원/ 오네시모의 개종

1:17~1:25: 빌레몬에 대한 약속/빌레몬의 순종에 대한 확신/바울의 약속/바울의 확신

9) 주요인물 바울, 디모데, 빌레몬, 오네시모, 에바브라, 데마, 아리스다고, 마가, 누가

19. 히브리서(Hebrews)

1) **책명** 헬라어 표제는 '프로스 에브라이우스'로 '히브리인들에게'의 의미
히브리 사람들에게 보낸 편지
'히브리'는 유대민족 혹은 이스라엘 민족을 일컫는 또 다른 이름

2) **저자** 바울(?)

3) **기록연대** AD 64~69년 경

4) **장수** 13장

5) **주제** 원숙을 촉진함. 새 언약의 중보자 그리스도. 예수 그리스도의 우월성(배교의 위험)

6) **목적** 박해로 인해 배교 위험에 처해 있던 유대인 그리스도인들을 격려하기 위해 기록했으며 그리스도의 인성과 사역의 우월성을 증명함으로써 유대교에 대한 기독교의 우월성을 확증하기 위해 기록했음

7) **내용** (1) 본서는 유대교에서 개종한 그리스도인들이 다시 유대교로 돌아갈 것을 염려하여 예수 그리스도의 위격과 사역의 우월성을 증명하고 있음
(2) 본서에 나타난 신학은 기독론으로써 천사와 모세보다도 더 높으신 예수 그리스도의 우월성. 십자가의 보혈로 인간의 죄를 속죄하신 것 그리고 구약의 제사보다 우월하여 어떠한 죄인도 용서할 수 있는 단 한번의 영원한 제사를 통해 하나님과 인간을 화목하게 하신 대제사장으로서의 그리스도를 말하고 있음
(3) 예수 그리스도 안에 있는 믿음에서 흘러 떠내려갈 위험

에 처해있지 않나 우려하여 그리고 믿음의 변질에 대해 엄숙한 경고를 말하기 위해 이 편지를 썼음

(4) 큰 구원을 등한히 여김으로 유대교로 회귀하려는 형제들의 마음을 돌이키기 위해 유대교와 그리스도교를 비교 논증한 서신임

(5) 예수의 생애와 죽음과 부활이 유대인의 율법으로 압도하는 새로운 표준의 삶을 정했다는 사실을 사람들에게 확신시키기 위한 사려 깊은 논증을 함

(6) 편지의 형식으로 기록한 '권면의 말'(13:22)이며, 하나님께서 그리스도 안에서 최종적으로 하신 최상의 말씀에 근거하여 끝까지 견디라고 권함

(7) 하나님은 자기 아들을 통해서 자신의 절대적이고 최종적인 말씀을 하심, 그리스도를 저버리는 것은 하나님을 저버리는 것과 같음, 그리스도는 앞서 있었던 모든 것들보다 우월하심, 하나님의 백성은 완전한 대제사장이신 하나님의 아들을 온전히 신뢰할 수 있음, 그분은 모든 사람들이 하나님께 나아갈 수 있는 길을 열어 놓으셨음

(8) 기독교의 탁월성을 가르침

(9) 그리스도의 사역이 유대인의 율법을 압도함

8) 장 구분 1:1~4:13: 그리스도의 우월성/그리스도의 위엄/교리
4:14~10:18: 그리스도 사역의 우월성/그리스도의 사역/교리
10:19~13:25: 그리스도인의 믿음생활의 우월성/
그리스도를 위한 목회자/훈련

9) 주요인물 멜기세덱

20. 야고보서(James)

1) **책명** 헬라어 표제는 '야코부 에피스톨레'로 '야고보의 편지'의 의미
야고보 사도의 이름을 딴 것
야고보의 편지

2) **저자** 야고보

3) **기록연대** AD 62년 경(AD 46~49년 경?)

4) **장수** 5장

5) **주제** 유대인의 믿음과 행위들. 선한 사업. 살아있는 믿음의 필요성

6) **목적** 환난과 시험에 처해있던 성도들이 시험을 통해 잘 연단되고 인내하도록 격려하기 위해 기록했으며 이신칭의 교리에 대한 잘못된 이해로 현실을 등한시 하는 경향을 바로 잡기 위해 기록했음

7) **내용** (1) 본서는 신약의 잠언이라고 불리며 예수님의 형제인 야고보 사도는 그리스도인의 실천적인 믿음을 강조하여 행함이 없는 믿음은 죽은 믿음이라고까지 말하고 있음
(2) 본서는 믿음과 행함과의 관계를 다루고 있으며 믿음으로 구원을 얻지만 그 믿음을 온전케 하는 것은 바로 행함에 있음. 그러나 행함으로 구원을 얻는 것은 결코 아니며 오직 하나님의 은혜로 말미암아 얻을 수 있음
(3) 삶이 그리스도를 믿는 믿음의 고백에 명백히 어울리지 않는 신자들을 향해 쓰여 졌음
(4) 야고보는 흩어진 초대교회의 형제들과 일부 부한 자들

에게 행함이 있는 믿음의 삶을 살아가기 위함(유대 그리스도인을 위한 목회서신)

(5) 행함이 없는 믿음은 죽은 것(참된 믿음은 행함이 따르는 것)

(6) 야고보 사도는 믿음과 행위를 절묘하게 연결하면서 행함이 없는 믿음은 죽은 것이라고 말함

(7) 야고보서는 로마제국의 전 영역에 흩어져 살고 있던 유대인들(디아스포라)을 수신자로 하여 쓴 편지임

(8) 믿음에는 행함이 따라야 하며 열매가 있어야 하고, 눈으로 볼 수 있어야 함

(9) 야고보는 참된 믿음이란 '행함이 따르는 것' 임을 강조하면서 참된 믿음과 일상생활에서 겪는 실제적인 경험을 연결시키고 있음

(10) 참된 믿음이란 시험을 이겨내고, 하나님이 말씀에 순종하고 행하는 사람들을 만들어내며, 어떤 편견도 품지 않으며, 혀를 제어하며, 지혜롭게 처신하며, 악을 대적할 힘이 생기게 하며, 오실 주님을 인내하며 기다리도록 해줌

(11) 짧은 도덕적 에세이들로 구성된 전문적인 글로써 고난 중에 참고 견딜 것과 책임 있는 그리스도인의 삶을 강조함, 특히 믿음과 생활이 함께 조화를 이루는 삶을 살라고 성도들에게 요청함

(12) 성도들에게 요구되는 실제적인 믿음, 시련 중에 기뻐하고 인내함, 참된 지혜의 본질, 가난한 자들에 대해 부자

들이 취해야 할 태도, 혀의 남용과 선용, 믿음을 가진 사람에게 가장 주요한 것은 믿음을 삶으로 입증하는 것임

(13) 야고보는 예수 그리스도의 친 형제로 추정되며 자신을 예수 그리스도의 종으로 소개(AD 62년경 순교)

(14) 구약의 잠언, 전도서, 신약의 산상수훈과 같은 성격을 띠고 있음

8) 장 구분 1:1~1:18: 믿음의 시험/믿음의 발전/믿음의 반응
1:19~5:6: 믿음의 특성/믿음의 행위/믿음의 실체
5:7~5:20: 믿음의 승리/믿음의 능력/믿음의 재 확인

9) 주요인물 야고보

21. 베드로전서(1 Peter)

1) **책명** 헬라어 표제는 '페트루 알파'로 '베드로의 첫 번째'의 의미

베드로 사도의 이름을 딴 것.

베드로의 편지 I

2) **저자** 베드로

3) **기록연대** AD 64~65년 경

4) **장수** 5장

5) **주제** 고난 중에 인내함, 박해를 받고 있는 교회에게, 고난을 겪을 때 믿는 자가 가져야 할 올바른 태도와 행실을 강조함

6) **목적** 박해를 받고 있던 성도들이 현재의 고난을 극복하고 다가올 영원한 영광을 바라보도록 위로하고 격려하기 위해 기록했으며 이 세상에서 성도가 그리스도와 같이 순종하고 순응하는 태도를 가지도록 하기 위해 기록했음

7) **내용** (1) 본서는 고난 받는 성도들에게 소망과 위로를 주는 책으로 그리스도인은 세상속의 나그네임을 기억하고 핍박 가운데서도 권위에 순종하고 믿음과 사랑 안에서 강건해질 것을 권면함

(2) 본서는 고난, 영광, 소망, 순례, 용기 등의 주제와 더불어 하나님의 은혜를 강조하고 있으며 이중에서도 본서는 '고난 중에 산 소망'을 중점적으로 다루고 있음. 신자들은 하나님 안에 있는 산 소망을 통해 시련과 환란을 극복할 수 있는 것임

(3) 베드로는 특별한 주제나 중대한 면을 다루기보다 그리스도인의 삶의 원칙에 관해 조언하였으며 사실상 이 편지는 여러 가지로 다른 배경과 환경에서 살아가는 성도들을 위해 쓰여진 그리스도인의 삶에 관한 소책자라 할 수 있음
(4) 정치적 박해로 인해 흩어진 형제들의 신앙을 돌보기 위해 권면과 증거의 형식으로 기록함
(5) 베드로가 당시 로마 네로황제의 심한 박해를 받고 있는 그리스도인들의 신앙을 견고하게 하기 위해 이 편지를 썼음
(6) 고난당하는 그리스도인들을 위로하는 서신으로, 박해자들에 대해 그리스도인답게 대응하는 방법을 가르치며 부르심에 합당한 삶을 살라고 촉구함
(7) 의를 위하여 고난을 받는다고 해서 놀라지 말라고 함, 그리스도인들은 그리스도가 그렇게 하신 것처럼 부당한 고난일지라도 받아 들여야 함, 그리스도는 우리를 죄에서 해방시키려고 우리를 대신해서 고난을 받으셨음, 하나님의 백성들은 항상 의롭게 살아야 하지만, 특히 박해를 당하는 상황에서 그렇게 살아야 함, 우리의 미래에 대한 소망은 그리스도의 부활의 확실성에 기초한 것임
(8) 환란가운데 있는 신자들을 격려하기 위해 쓰여 짐
(9) 로마황제의 심한 박해, 수신자: 유대인(디아스포라)

8) 장 구분 1:1~2:12: 성도의 구원/신자의 믿음/거룩
2:13~3:12: 성도의 복종/신자의 행실/조화
3:13~5:14: 성도의 고난/신자의 고난/겸손

9) 주요인물 베드로, 실루아노, 마가

22. 베드로후서(2 Peter)

1) **책명** 헬리어 표제는 '페트루 베타'는 '베드로의 두 번째'의 의미

베드로가 보낸 두 번째 편지

베드로의 편지 Ⅱ

2) **저자** 베드로

3) **기록연대** AD 66~67년 경

4) **장수** 3장

5) **주제** 거짓 선생(교사)를 추방함. 배교의 예언

6) **목적** 향락주의. 재림을 부인하는 이단 사설. 거짓 교사 등 내부적인 위기에 처한 성도들을 권면하기 위해 기록했으며 재림에 대한 소망과 확신을 갖게 하기 위해 기록되었음

7) **내용** (1) 본서는 성도들이 말씀 안에서 영적인 성장을 이루도록 구체적인 덕목을 제시하고 있으며 또한 주님의 재림 시 심판이 있을 것이므로 거룩하고 흔들림 없는 삶을 살도록 권유하고 있음

(2) 본서는 창조, 예언, 율법, 저주, 심판, 속죄 그리고 구원의 단계 등 기독교의 모든 내용을 담고 있으며 그리스도를 진리의 권위자이자 신자들의 구원자요 영원한 왕으로 소개하고 있으며 재림은 단순한 지식이 아니라 그리스도의 구속과 분리될 수 없는 실제적인 개념임을 강조하고 있음

(3) 본서는 그리스도인들에게 거짓된 가르침을 주의하라고 경고하기 위해 쓰였으며 사도 베드로가 교회를 향해 믿

음과 경건을 호소하는 내용으로 이 편지에는 사도 베드로가 죽음에 임박하여 교회들에게 보내는 일반적인 훈계가 담겨 있음

(4) 베드로가 순교를 앞두고 거짓 교사로부터 교회를 보호하면서 교회지체들에게 예수 그리스도의 은혜와 그를 아는 지식에서 자라가기를 강력하게 권면한 고별사임

(5) 베드로는 그리스도인들에게 거짓 교사들을 주의하라고, 그리고 거짓 교사들에게 현혹되지 말라고 경고하고 타이름

(6) 서신의 형태로 기록된 '고별사'로써 그리스도의 재림을 부정하고 대담하게 죄를 짓는 거짓 교사들을 경계하면서 그리스도인들에게 지속적으로 성장할 것과 끝까지 견딜 것을 촉구함

(7) 베드로는 하나님의 백성들이 경건하게 살면서 자신들의 경건한 삶으로 입증하기를 바람, 또한 거짓 교사들의 불경건한 삶을 주님이 반드시 심판하실 것과 거짓 교사들의 비웃음에도 불구하고 주님의 재림이 확실함을 강조함

(8) 신자들이 알아야할 진리들을 상기시켜주며 잘못된 것을 가르치는 거짓 교사들을 물리치기 위해서는 참된 지식을 가질 필요가 있다는 것을 권면함

(9) 베드로후서는 베드로의 마지막 서신(고별사), 유언

8) 장 구분 1장: 성도의 성품을 양성함/참된 예언/거룩
2장: 거짓 선생들을 정죄함/거짓 예언자들/이단
3장: 그리스도의 재림에 대한 확신/주의 날에 관한 예언/소망

9) 주요인물 베드로

23. 요한일서(1 John)

1) **책명** 헬라어 표제는 '요안누 알파'로 '요한의 첫 번째'의 의미

2) **저자** 요한

3) **기록연대** AD 90~95년 경

4) **장수** 5장

5) **주제** 교제의 즐거움, 사랑, 교제, 서로 사랑하는 것

6) **목적** 잘못된 교리로 성도들을 혼란에 빠뜨리는 영지주의 이단을 경계하기 위해 기록했으며 또한 공동체 안에 참된 죄 사함. 빛 가운데 거함. 사랑한 근거한 영적교제 등을 독려하기 위해 기록 했음

7) **내용** (1) 본서에서 요한은 성도들을 향한 하나님의 사랑을 언급하면서 성도들 또한 그 분의 사랑으로 서로 사랑하는 삶을 살 것을 강조하고 있음

(2) 본서는 삼위일체 하나님의 사역과 더불어 생명이시고 빛이시며 사랑이신 하나님이 강조되고 있으며 또한 모든 죄를 하나님께 회개할 때 그리스도께서 보혈로 그 죄를 사해주신다는 사실을 약속하고 있음

(3) 교회가 죄 사함의 비밀을 알고 거룩성을 유지하며 거짓 영들을 분별하며 세상이 교회를 미워할지라도 서로 사랑할 것을 가르침

(4) 교회가 하나님 아버지와 예수 그리스도와 더불어 더 깊은 사귐으로 들어갈 것을 촉구함

(5) 몇 가지 잘못된 것들이 신자들 사이에 관용되고 있어 이런 오류들에 맞서기 위해 이 편지를 썼으며 하나님과의 교제를 강조함으로써 이런 잘못된 것을 바로 잡으려함

(6) 하나님의 자녀로서 사는 것은 서로 사랑하는 것, 하나님께 사랑받는 것과 긴밀히 연관되어 있음

(7) 일부 특정 그리스도인들에게 확신을 심어 주는 전문적인 글로써 공동체를 떠난 일부 거짓 선지자들에 대응하여 기독교적 신앙과 실천에 충실할 것을 격려함

(8) 육신을 입고 오신 예수님은 하나님의 아들이심, 예수님은 성육신과 십자가의 죽음을 통해 우리를 위한 하나님의 사랑을 보여 주심, 진정한 그리스도인들은 하나님께서 그리스도 안에서 그들을 사랑하신 것처럼 서로 사랑함, 하나님의 자녀들은 습관적으로 죄를 범하지 않음, 그러나 죄를 범할 때에는 용서를 받을 수 있음, 성도들은 그들을 사랑하시는 하나님을 온전히 신뢰할 수 있음, 그리스도를 믿음으로 우리는 지금 영생을 소유하고 있음

8) 장 구분 1:1~2:27: 사귐의 기초/사귐의 의미/하나님의 빛에 거함
2:28~5:21: 사귐의 자세/사귐의 표현/하나님의 사랑 안에 거함

9)주요인물 요한

24. 요한이서(2 John)

1) **책명** 헬라어 표제는 '요안누 베타'로 '요한의 두 번째'의 의미

2) **저자** 요한

3) **기록연대** AD 90~96년 경

4) **장수** 1장

5) **주제** 거짓 선생들을 심판함. 거짓 선생들에 대한 경고. 진리 안에 거함

6) **목적** 하나님의 계명인 사랑을 실천함으로써 진리와 사랑 안에서 행하도록 하기 위해 또한 잘못된 교리로 성도들을 혼란에 빠뜨리는 거짓 교사들을 경계하도록 하기위해 기록했음

7) **내용** (1) 요한일서의 축소판으로, 사랑을 따라 살 것을 강조하는 동시에 그리스도에 관한 진리를 변질시키는 거짓 교사들의 주장에 동조하거나 사귀지 말 것을 경고하고 있음

(2) 본서는 하나님이 진리이시기 때문에 그 분의 말씀인 성경 역시 진리이며 그리스도인들은 이 말씀에 따라 살아야 한다는 것을 강조하며 또한 예수님의 명령인 서로 사랑하라는 말씀을 강조하고 있음

(3) 거짓 교사들에 대해 신자들을 깨닫게 하기 위해 쓴 편지로 사도 요한이 부녀와 그의 자녀에게 보낸 개인서신임

(4) 단순한 부녀가 아니라 택함을 입은 자요 영원히 진리에 거하는 자이며, 자녀 또한 신실한 그리스도인으로 양육한 자임

(5) 요한일서 축소판, 사랑의 역할을 강조

(6) 거짓 교사들을 무시하고 사랑의 삶을 살라고 강조함

(7) '장로'가 그리스도의 성육신을 부정하는 거짓 교사들에 대해 경고함

(8) 요한은 자신의 공동체에서 이탈한 거짓 선지자들이 또 다른 믿음의 공동체에서 잘못된 가르침을 유포할 것을 염려함

(9) 요한일서의 축소판인 요한이서는 성경이야기에서 성육신과 사랑의 역할을 강조함

(10) 강조한 점에서는 요한일서를 참고

8) 장 구분 1:1~1:6: 하나님의 계명을 지킴/계명을 지킴/진리를 실천
1:7~1:13: 거짓 선생들을 거절함/가짜를 조심함/진리를 보호

9) 주요인물 요한

25. 요한삼서(3 John)

1) **책명** 헬라어 표제는 '요안누 감마'로 '요한의 세 번째'의 의미

2) **저자** 요한

3) **기록연대** AD 90~96년 경

4) **장수** 1장

5) **주제** 접대의 즐거움, 거짓 동역자 배척, 믿는 자의 삶에 진리와 오류가 어떻게 드러나는가 하는 것을 강조

6) **목적** 순회 지도자들을 후원하고 격려함으로써 하나님 나라를 확장하는데 동참하도록 하기 위해 또한 진리를 증거하는 전도자를 선한 마음으로 영접하지 않는 무리들을 바로 잡고 교회내부의 질서를 바로 세우기 위해 기록했음

7) **내용** (1) 본서는 진리 안에서 행하는 가이오의 신실한 사랑을 칭찬한 후 으뜸되기를 좋아하고 순회 지도자들을 접대하지 않는 디오드레베를 고발하고 있음

(2) 본서는 하나님의 말씀인 진리에 거할 것을 권면하고 있고 그 진리에 기초하여 실천적인 삶을 살 것을 권면하고 있으며 또한 하나님의 일을 함에 있어서 교만을 버리고 하나님의 일을 행하는 사역자들을 대접하고 후원해야 하며 교회 안에서 자신을 내세우지 말 것을 권고하고 있음

(3) 요한은 그의 좋은 친구 가이오를 칭찬하고, 격려하고, 교훈하기 위해서 이 편지를 썼음

(4) 형제들로부터 보고되는 가이오의 삶은 진리 안에서 계명을 잘 실천하고 있음

(5) 현명한 선택을 하고 사람들을 지속적으로 도우라고 말함

(6) 요한삼서는 '이 서신을 쓴 장로, 이 서신을 받는 가이오, 이 서신을 쓰게 한 디오드레베, 이 서신을 전달한 데메드리오'에 관한 것임

(7) 특별히 공적으로 인정받은 순회 사역자들을 환대해야 할 그리스도인의 의무

(8) 디오드레베는 장로의 친구들을 환대하지 않았고, 그렇게 하려는 사람들을 교회에서 내어 쫒아냄, 더구나 이전에 교회에 보낸 편지를 무시함, 따라서 요한은 가이오에게 데메드리오를 환대하라고 요청하는 편지를 쓰게 됨

(9) 요한삼서는 신약성경에서 가장 짧은 책이지만, 기독교 공동체와 손 대접에 대한 통찰을 제공하는 역할을 함

(10) 사도요한이 가이오에게 보낸 개인편지

8) 장 구분 1:1~1:8: 가이오를 칭찬함/봉사/관대함

1:9~1:14: 디오드레베를 정죄함/이기주의/교만함의 위험

9) 주요인물 요한, 가이오, 디오드레베, 데메드리오

26. 유다서(Jude)

1) **책명** 헬라어 표제는 '이우다'로 '유다'의 의미
유다의 이름을 딴 것. 유다의 편지

2) **저자** 유다(예수님의 동생, 예루살렘 교회의 영적지도자 야고보의 형제)

3) **기록연대** AD 70~80년 경

4) **장수** 1장

5) **주제** 배교자의 심판. 임박한 배교. 마지막 때에 믿음을 위해 분투하라는 것

6) **목적** 영지주의 이단의 특성과 그들의 결말을 명확히 알도록 하기 위해 그리고 영지주의 이단에 대해 성도들이 믿음에 굳게 서서 강력하게 대항하도록 하기 위해 기록했음

7) **내용** (1) 본서는 처음 인사와 마지막 찬양을 제외하면 가인, 발람, 고라 등 구약의 배교자들을 예로 들어 영지주의자들의 특성과 미래의 심판을 말하고 있음
(2) 본서에 나타난 그리스도의 모습은 지금도 살아 계시며 활동하시는 분으로 묘사되고 있으며 예수 그리스도는 거짓된 가르침으로부터 우리를 보호하시며 또한 성령께서는 신앙공동체를 세우시고 세상으로부터 우리를 지키시고 인도하시며 보호하심. 그리고 예수 그리스도의 진리와 그 분에 대한 믿음이 변치 않도록 도우심
(3) 이단들의 기원과 정체 그리고 그들의 파멸적인 결국을

잘 기술함

(4) 유다는 예수님의 형제로서 야고보와 더불어 예수님의 부활 이후 회심함 (주와 그리스도로 고백)

(5) 기독교를 이용해 개인 실속을 차리는 자들을 경계하라고 강조함

(6) 권면을 위한 목회서신으로, 교회 안에 '가만히 들어온' 일부 거짓 교사들에 대해 강력하게 경고함

(7) 태만하게 살면서 다른 사람들도 그렇게 살도록 가르치는 자들에게 임할 확실한 심판, 거룩한 삶의 중요성, 신실한 자기백성들을 위한 하나님의 사랑과 보호

(8) 교회에 '몰래 들어와서' 은혜를 방종으로 변질시키는 일부 순회 설교자들 때문에 발생한 위협

(9) 특정한 문제에 초점을 맞춘 것으로 성도가 끝까지 참고 견디는 것과 하나님의 보호하심을 강조할 뿐만 아니라 거룩한 삶의 중요성을 강조하는 역할을 함

(10) 일어나기 시작한 배교를 정면으로 도전하기 위해 이 편지를 씀

8) 장 구분 1:1~1:16: 거짓 선생들 묘사/논쟁의 이유/배교의 본질

1:17~1:25: 거짓 선생들에게 대항한 변론/ 논쟁 방법/ 배교에 대한 대책

9) 주요인물 유다

27. 요한계시록(Revelation)

1) **책명** 헬라어 표제는 '아포칼륩시스 요안누'로 '요한의 계시'의 의미

2) **저자** 사도 요한

3) **기록연대** AD 90~96년 경

4) **장수** 22장

5) **주제** 장래의 계시. 그리스도의 궁극적 승리. 주의 날에 일어날 위대한 종말론적 시간들에 대해 기록하고 있음

6) **목적** 박해를 받고 있는 상황 속에서도 좌절하지 않고 소망을 품으며 믿음을 지키도록 하기 위해 기록했으며 또한 예수님의 재림과 최후의 심판 그리고 택함 받은 자가 거할 새 하늘과 새 땅이 있음을 알도록 하기 위해 기록했음

7) **내용** (1) 본서는 일곱교회에 대한 책망과 칭찬을 언급한 후 심판, 대환란, 재림, 천년왕국 등 장차 종말의 때에 되어 질 일들을 자세하게 언급하고 있음

(2) 본서는 예수 그리스도를 교회의 중심이시오 역사의 주인으로 선포하고 있으며 또한 예수 그리스도는 적그리스도를 무찌르고 승리하셨으며 새 하늘과 새 땅의 주인으로 심판주로 다시 오실 것임

(3) 본서는 로마 당국이 황제숭배를 강요하기 시작할 무렵에 기록되었으며, '예수를 주'라 시인하는 그리스도인들

에 대한 핍박이 점점 심해지고 순교자들이 속출했음

(4) 사도 요한은 그리스도를 전파한 죄로 밧모섬으로 유배되었고 성도들은 다가올 핍박과 환란의 경고를 듣고 있었으며 일부 그리스도인들이 로마정부와 적당히 타협하자고 주장하는 상황이었기에 요한은 믿는 자들이 다가 올 고난의 때에 굳게 서도록 그들을 격려하기 위해 이 글을 썼음

(5) 밧모섬에 유배된 사도 요한이 성령의 감동으로 보았던 '속히 될 일'임. 이제 있는 일과 장차 될 일에 대하여 계시를 말함

(6) 사도 요한이 세상의 마지막 날과 관련해 하나님으로부터 받은 환상은 묘사함

(7) 다양한 묵시와 상징을 동원해 서사적 화법(이야기식, 대화식)으로 기록한 예언으로써, 백성들의 환난과 구원, 로마제국에 대한 하나님의 심판을 다룸

(8) 당시 로마의 황제인 도미티안의 황제숭배사상에 참여하기를 거부한 초기 그리스도인들은 로마정부에 대항하고 있었음, 그러므로 그들을 경고하고 격려하는 동시에 로마에 대한 하나님의 심판을 선언하려고 이 책을 씀

(9) 요한계시록은 '고난의 시기를 위한 예언문'이란 별명을 갖고 있음

(10) 요한계시록은 어린 양되신 예수 그리스도의 초림으로 인하여 구속사역의 성취 안에서 재림으로 인한 교회의 종말론적 승리를 적극 보증함

(11) 여자의 후손언약을 시발로 본격적으로 시작된 하나님의 구속사가 어린양 되신 예수 그리스도의 초림과 재림 사건을 통해 성취되는 전 과정을 묵시적 기법으로 담고 있음

8) 장 구분 1장: 네 본 것(일곱 금 촛대)

2장~3장: 이제 있는 일(일곱 교회)

4장~22장: 장차 될 일(대 환란, 재림, 천년왕국, 새 하늘과 새 땅)

9) 주요인물 요한

제6단원

주요 언약의 성경말씀

주요 언약의 성경말씀

1. 창조원리 엡1:4~6

곧 창세전에 그리스도 안에서 우리를 택하사 우리로 사랑 안에서 그 앞에 거룩하고 흠이 없게 하시려고 그 기쁘신 뜻대로 우리를 예정하사 예수 그리스도로 말미암아 자기의 아들들이 되게 하셨으니 이는 그가 사랑하시는 자 안에서 우리에게 거저 주시는 바 그의 은혜의 영광을 찬송하게 하려는 것이라

2. 창조언약 창1:28

하나님이 그들에게 복을 주시며 하나님이 그들에게 이르시되 생육하고 번성하여 땅에 충만하라, 땅을 정복하라, 바다의 물고기와 하늘의 새와 땅에 움직이는 모든 생물을 다스리라 하시니라

3. 선악과 언약 창2:17

선악을 알게 하는 나무의 열매는 먹지 말라 네가 먹는 날에는 반드시 죽으리라 하시니라

4. 여자의 후손언약 창3:15

내가 너로 여자와 원수가 되게 하고 네 후손도 여자의 후손과 원수가 되게 하리니 여자의 후손은 네 머리를 상하게 할 것이요 너는 그의 발꿈치를 상하게 할 것이니라 하시고

5. 노아언약 창9:1~7

하나님이 노아와 그 아들들에게 복을 주시며 그들에게 이르시되 생육하고 번성하여 땅에 충만하라 땅의 모든 짐승과 공중의 모든 새와 땅에 기는 모든 것과 바다의 모든 물고기가 너희를 두려워하며 너희를 무서워하리니 이것들은 너희 손에 붙였음이니라 모든 산 동물은 너희가 먹을 것이 될지라 채소같이 내가 이것을 다 너희에게 주노라 그러나 고기를 그 생명되는 피째 먹지 말 것이니라 내가 반드시 너희의 피 곧 너희의 생명의 피를 찾으리니 짐승이면 그 짐승에게서, 사람이나 사람의 형제면 그에게서 그의 생명을 찾으리라 다른 사람의 피를 흘리면 그 사람의 피도 흘릴 것이니 이는 하나님이 자기 형상대로 사람을 지으셨음이니라 너희는 생육하고 번성하며 땅에 가득하여 그 중에서 번성하라 하셨더라

6. 아브라함언약 창12:1~3

여호와께서 아브람에게 이르시되 너는 너의 고향과 친척과 아버지의 집을 떠나 내가 네게 보여 줄 땅으로 가라 내가 너로 큰 민족을 이루고 네게 복을 주어 네 이름을 창대하게 하리니 너는 복이 될지라 너를 축복하는 자에게는 내가 복을 내리고 너를 저주하는 자에게는 내가 저주하리니 땅의 모든 족속이 너로 말미암아 복을 얻을 것이라 하신지라

(1) 아브라함의 횃불언약 창15:13~17

여호와께서 아브람에게 이르시되 너는 반드시 알라 네 자손이 이방에게 객이 되어 그들을 섬기겠고 그들은 사백 년 동안 네 자손을 괴롭히리니 그들이 섬기는 나라를 내가 징벌할지며 그 후에 네 자손이 큰 재물을 이끌고 나오리라 너는 장수하다가 평안히 조상에게로 돌아가 장사될 것이요 네 자손은 사대 만에 이 땅으로 돌아오리니 이는 아모리 족속의 죄악이 아직 가득차지 아니함이니라 하시더니 해가 져서 어두울 때에 연기 나는 화로가 보이며 타는 횃불이 쪼갠 고기 사이로 지나더라

(2) 이삭언약 창26:2~5

여호와께서 이삭에게 나타나 이르시되 애굽으로 내려가지 말고 내가 네게 지시하는 땅에 거주하라 이 땅에 거류하면 내가 너와 함께 있어 네게 복을 주고 내가 이 모든 땅을 너와 네 자손에게 주리라 내가 네 아버지 아브라함에게 맹세한 것을 이루어 네 자손을 하늘의 별과 같이 번성하게 하며 이 모든 땅을 네 자손에게 주리니 네 자손으로 말미암아 천하 만민이 복을 받으리라 이는 아브라함이 내 말을 순종하고 내 명령과 내 계명과 내 율례와 내 법도를 지켰음이라 하시니라

(3) 야곱언약 창28:12~15

꿈에 본즉 사닥다리가 땅 위에 서 있는데 그 꼭대기가 하늘에 닿았고 또 본즉 하나님의 사자들이 그 위에서 오르락내리락 하고 또

본즉 여호와께서 그 위에 서서 이르시대 나는 여호와니 너의 조부 아브라함의 하나님이요 이삭의 하나님이라 네가 누워있는 땅을 내가 너와 네 자손에게 주리니 네 자손이 땅의 티끌 같이 되어 네가 서쪽과 동쪽과 북쪽과 남쪽으로 퍼져나갈지며 땅의 모든 족속이 너와 네 자손으로 말미암아 복을 받으리라 내가 너와 함께 있어 네가 어디로 가든지 너를 지키며 너를 이끌어 이 땅으로 돌아오게 할지라 내가 네게 허락한 것을 다 이루기까지 너를 떠나지 아니하리라 하신지라

(4) 야곱의 벧엘언약 갱신 창35:9~15

야곱이 밧단아람에서 돌아오매 하나님이 다시 야곱에게 나타나사 그에게 복을 주시고 하나님이 그에게 이르시되 네 이름이 야곱이지마는 네 이름을 다시는 야곱이라 부르지 않겠고 이스라엘이 네 이름이 되리라 하시고 그가 그의 이름을 이스라엘이라 부르시고 하나님이 그에게 이르시되 나는 전능한 하나님이라 생육하며 번성하라 한 백성과 백성들의 총회가 네게서 나오고 왕들이 네 허리에서 나오리라 내가 아브라함과 이삭에게 준 땅을 네게 주고 내가 네 후손에게도 그 땅을 주리라 하시고 하나님이 그와 말씀하시던 곳에서 그를 떠나 올라가시는지라 야곱이 하나님이 자기와 말씀하시던 곳에 기둥 곧 돌기둥을 세우고 그 위에 전제물을 붓고 또 그 위에 기름을 붓고 하나님이 자기와 말씀하시던 곳의 이름을 벧엘이라 불렀더라

7. 시내산언약 출24:1~8

또 모세에게 이르시되 너는 아론과 나답과 아비후와 이스라엘 장로 칠십 명과 함께 여호와께로 올라와 멀리서 경배하고 너 모세만 여호와께 가까이 나아오고 그들은 가까이 나아오지 말며 백성은 너와 함께 올라오지 말지니라 모세가 와서 여호와의 모든 말씀과 그의 모든 율례를 백성에게 전하매 그들이 한 소리로 응답하여 이르되 여호와께서 말씀하신 모든 것을 우리가 준행하리이다 모세가 여호와의 모든 말씀을 기록하고 이른 아침에 일어나 산 아래에 제단을 쌓고 이스라엘 열두 지파대로 열두 기둥을 세우고 이스라엘 자손의 청년들을 보내어 여호와께 소로 번제와 화목제를 드리게 하고 모세가 피를 가지고 반은 여러 양푼에 담고 반은 제단에 뿌리고 언약서를 가져다가 백성에게 낭독하여 듣게 하니 그들이 이르되 여호와의 모든 말씀을 우리가 준행하리이다 모세가 그 피를 가지고 백성에게 뿌리며 이르되 이는 여호와께서 이 모든 말씀에 대하여 너희와 세우신 언약의 피니라

8. 다윗언약 삼하7:8~17

그러므로 이제 내 종 다윗에게 이와 같이 말하라 만군의 여호와께서 이와 같이 말씀하시기를 내가 너를 목장 곧 양을 따르는 데에서 데려다가 내 백성 이스라엘의 주권자로 삼고 네가 가는 모든 곳에서 내가 너와 함께 있어 네 모든 원수를 네 앞에서 멸하였은즉 땅에서 위대한 자들의 이름같이 네 이름을 위대하게 만들어 주리라 내가 또 내 백성 이스라엘을 위하여 한 곳을 정하여 그를 심고 그를 거주하게 하고 다

시 옮기지 못하게 하며 악한 종류로 전과 같이 그들을 해하지 못하게 하여 전에 내가 사사에게 명령하여 내 백성 이스라엘을 다스리던 때와 같지 아니하게 하고 너를 모든 원수에게서 벗어나 편히 쉬게 하리라 여호와가 또 네게 이르노니 여호와가 너를 위하여 집을 짓고 네 수한이 차서 네 조상들과 함께 누울 때에 내가 네 몸에서 날 네 씨를 네 뒤에 세워 그의 나라를 견고하게 하리라 그는 내 이름을 위하여 집을 건축할 것이요 나는 그의 나라 왕위를 영원히 견고하게 하리라 나는 그에게 아버지가 되고 그는 내게 아들이 되리니 그가 만일 죄를 범하면 내가 사람의 매와 인생의 채찍으로 징계하려니와 내가 네 앞에서 물러나게 한 사울에게서 내 은총을 빼앗은 것처럼 그에게서 빼앗지는 아니하리라 네 집과 네 나라가 내 앞에서 영원히 보전되고 네 왕위가 영원히 견고하리라 하셨다 하라 나단이 이 모든 말씀들과 이 모든 계시대로 다윗에게 말하니라

9. 새 언약 (선지자들이 예언한 새 언약) 렘31:31~34

여호와의 말씀이니라 보라 날이 이르리니 내가 이스라엘 집과 유다 집에 새 언약을 맺으리라 이 언약은 내가 그들의 조상들의 손을 잡고 애굽 땅에서 인도하여 내던 날에 맺은 것과 같지 아니할 것은 내가 그들의 남편이 되었어도 그들이 내 언약을 깨뜨렸음이라 여호와의 말씀이니라 그러나 그 날 후에 내가 이스라엘 집과 맺을 언약은 이러하니 곧 내가 나의 법을 그들의 속에 두며 그들의 마음에 기록하여 나는 그들의 하나님이 되고 그들은 내 백성이 될 것이라 여호와의 말씀이니라 그들은 다시는 각기 이웃과 형제를 가리켜 이르기를 너는 여

호와를 알라 하지 아니하리니 이는 작은 자로부터 큰 자까지 다 나를 알기 때문이니라 내가 그들의 악행을 사하고 다시는 그 죄를 기억치 아니하리라 여호와의 말씀이니라

10. 예수 그리스도의 성육신

(1) 마1:21~23

아들을 낳으리니 이름을 예수라 하라 이는 그가 자기 백성을 그들의 죄에서 구원할 자이심이라 하니라 이 모든 일이 된 것은 주께서 선지자로 하신 말씀을 이루려 하심이니 이르시되 보라 처녀가 잉태하여 아들을 낳을 것이요 그 이름을 임마누엘이라 하리라 하셨으니 이를 번역한 즉 하나님이 우리와 함께 계시다 함이라

(2) 갈4:4

때가 차매 하나님이 그 아들을 보내사 여자에게서 나게 하시고 율법 아래 나게 하신 것은

(3) 마4:23

예수께서 온 갈릴리에 두루 다니사 그들의 회당에서 가르치시며 천국 복음을 전파하시며 백성 중의 모든 병과 모든 약한 것을 고치시니

11. 예수 그리스도의 새 언약(죽음/부활)

(1) 마26:28

이것은 죄 사함을 얻게 하려고 많은 사람을 위하여 흘리는 바 나의 피 곧 언약의 피니라

(2) 눅22:19~20

또 떡을 가져 감사 기도 하시고 떼어 그들에게 주시며 이르시되 이것은 너희를 위하여 주는 내 몸이라 너희가 이를 행하여 나를 기념하라 하시고 저녁을 먹은 후에 잔도 그와 같이 하여 이르시되 이 잔은 내 피로 세우는 새 언약이니 곧 너희를 위하여 붓는 것이라

(3) 막14:24

이르시되 이것은 많은 사람을 위하여 흘리는 나의 피 곧 언약의 피니라

(4) 고전11:25

식후에 또한 그와 같이 잔을 가지시고 이르시되 이 잔은 내 피로 세운 새 언약이니 이것을 행하여 마실 때마다 나를 기념하라 하셨으니

12. 교회설립

(1) 엡1:22~23

또 만물을 그의 발 아래 복종하게 하시고 그를 만물 위에 교회의 머리로 삼으셨느니라 교회는 그의 몸이니 만물 안에서 만물을 충만하게 하시는 이의 충만함이니라

(2) 마28:18~20

예수께서 나아와 말씀하여 이르시되 하늘과 땅의 모든 권세를 내게 주셨으니 그러므로 너희는 가서 모든 민족을 제자로 삼아 아버지와 아들과 성령의 이름으로 세례를 베풀고 내가 저희에게 분부한 모든

것을 가르쳐 지키게 하라 볼지어다 내가 세상 끝 날까지 너희와 항상 함께 있으리라 하시니라

(3) 행2:42

그들이 사도의 가르침을 받아 서로 교제하고 떡을 떼며 오로지 기도하기를 힘쓰니라

(4) 마16:18

또 내가 네게 이르노니 너는 베드로라 내가 이 반석 위에 내 교회를 세우리니 음부의 권세가 이기지 못하리라

-이미 도래한 하나님 나라
(불가시적 하나님 나라 : 통치적 개념) already

(5) 마12:28

그러나 내가 하나님의 성령을 힘입어 귀신을 쫓아내는 것이면 하나님의 나라가 이미 너희에게 임하였느니라

(6) 눅17:20~21

바리새인들이 하나님의 나라가 어느 때에 임하나이까 묻거늘 예수께서 대답하여 이르시되 하나님의 나라는 볼 수 있게 임하는 것이 아니요 또 여기 있다 저기 있다고도 못하리니 하나님의 나라는 너희 안에 있느니라

13. 새 하늘 / 새 땅 (하나님 나라)

(1) 계21:1~4

또 내가 새 하늘과 새 땅을 보니 처음 하늘과 처음 땅이 없어졌고 바다도 다시 있지 않더라 또 내가 보매 거룩한 성 새 예루살렘이 하나님께로부터 하늘에서 내려오니 그 준비한 것이 신부가 남편을 위하여 단장한 것 같더라 내가 들으니 보좌에서 큰 음성이 나서 이르되 보라 하나님의 장막이 사람들과 함께 있으매 하나님이 그들과 함께 계시리니 그들은 하나님의 백성이 되고 하나님은 친히 그들과 함께 계셔서 모든 눈물을 그 눈에서 닦아 주시니 다시는 사망이 없고 애통하는 것이나 곡하는 것이나 아픈 것이 다시 있지 아니하리니 처음 것들이 다 지나갔음이러라

(2) 사65:17~25

보라 내가 새 하늘과 새 땅을 창조하나니 이전 것은 기억되거나 마음에 생각나지 아니할 것이라 너희는 내가 창조하는 것으로 말미암아 영원히 기뻐하며 즐거워할지니라 보라 내가 예루살렘을 즐거운 성으로 창조하며 그 백성을 기쁨으로 삼고 내가 예루살렘을 즐거워하며 나의 백성을 기뻐하리니 우는 소리와 부르짖는 소리가 그 가운데에서 다시는 들리지 아니할 것이며 거기는 날 수가 많지 못하여 죽는 어린 이와 수한이 차지 못한 노인이 다시는 없을 것이라 곧 백 세에 죽는 자를 젊은이라 하겠고 백 세가 못되어 죽는 자는 저주받은 자이리라 그들이 가옥을 건축하고 그 안에 살겠고 포도나무를 심고 열매를 먹을 것이며 그들이 건축한 데에 타인이 살지 아니할 것이며 그들이 심은 것은 타인이 먹지 아니하리니 이는 내 백성의 수한이 나무의 수한과 같겠고 내가 택한 자가 그 손으로 일한 것을 길이 누릴 것이며 그들의 수고가 헛되지 않겠고 그들이 생산한 것이 재난을 당하지 아니하리니 그들은 여호와의 복된 자의 자손이요 그들의 후손도 그들과 같을 것임이라 그들이 부르기 전에 내가 응답하겠고 그들이 말을 마치기 전에 내가 들을 것이며 이리와 어린 양이 함께 먹을 것이며 사자가 소처럼 짚을 먹을 것이며 뱀은 흙을 양식으로 삼을 것이니 나의 성산에서는 해함도 없겠고 상함도 없으리라 여호와께서 말씀하시니라

-아직실현되지 않은 종말론적 하나님 나라
(가시적 하나님 나라 : 성취된 개념) not yet

(1) 계21:1~4

또 내가 새 하늘과 새 땅을 보니 처음 하늘과 처음 땅이 없어졌고 바다도 다시 있지 않더라 또 내가 보매 거룩한 성 새 예루살렘이 하나님께로부터 하늘에서 내려오니 그 준비한 것이 신부가 남편을 위하여 단장한 것 같더라 내가 들으니 보좌에서 큰 음성이 나서 이르되 보라 하나님의 장막이 사람들과 함께 있으매 하나님이 그들과 함께 계시리니 그들은 하나님의 백성이 되고 하나님은 친히 그들과 함께 계셔서 모든 눈물을 그 눈에서 닦아 주시니 다시는 사망이 없고 애통하는 것이나 곡하는 것이나 아픈 것이 다시 있지 아니하리니 처음 것들이 다 지나갔음이러라

제7단원
웨스트민스터 소요리 문답

소요리 문답은 17세기부터 지금까지 350년간 세계의 모든 장로교회가 교리 표준으로 또한 자녀 교육의 지침서로 삼아 온 107 문답서로 된 기독교의 중요 교리서입니다. 소요리 문답은 웨스트민스터 신앙고백 및 대요리 문답과 함께 1647년에 작성된 것으로써 성경을 체계적으로 요약한 "성경 골자의 요약", "칼빈주의 교리의 완숙한 표현", "개혁주의 신학의 집약"이라는 평가를 받고 있습니다.

1부 하나님에 대하여 믿을 것

1. 사람의 목적과 하나님의 말씀

소1. 사람의 제일 되는 목적은 무엇입니까?

☞ 사람의 제일되는 목적은 하나님을 영화롭게 하고, 하나님을 영원토록 즐거워하는 것입니다.

소2. 하나님을 영화롭게 하고 즐거워하는 것을 지도하시려고 하나님께서 우리에게 주신 준칙은 무엇입니까?

☞ 하나님을 영화롭게 하고 즐거워하는 것을 지도하시려고 하나님께서 우리에게 주신 유일한 준칙은 구약과 신약 성경에 기록된 하나님의 말씀입니다.

소3. 성경이 가장 중요하게 가르치는 것이 무엇입니까?

☞ 성경이 가장 중요하게 가르치는 것은 사람이 하나님에 대하여 믿을 것은 무엇이며, 하나님께서 사람에게 요구하는 본분은 무엇인가 하는 것입니다.

2. 창조주 하나님과 인간의 타락

소4. 하나님은 어떤 분이십니까?

☞ 하나님은 신이십니다. 그분의 존재와 지혜와 권능과 거룩하심과 의로우심과 선하심과 인자하심과 진실하심은 무한하시며 무궁하시며 불변하십니다.

소5. 하나님의 한 분 외에 다른 하나님이 있습니까?

☞ 오직 한 분 하나님, 살아 계시고 참되신 하나님만 계십니다.

소6. 하나님의 신격에는 몇 위가 계십니까?

☞ 하나님의 신격에는 성부, 성자, 성신 삼위가 계십니다. 이 삼위는 한 하나님이며, 본질이 동일하시고 권능과 영광이 동등하십니다.

소7. 하나님의 작정이 무엇입니까?

☞ 하나님의 작정은 그분의 뜻대로 계획하신 영원한 목적입니다. 그 목적을 따라서, 하나님께서는 일어나는 모든 일을 자기의 영광을 위하여 미리 정하셨습니다.

소8. 하나님은 그분의 작정을 어떻게 이루십니까?

☞ 하나님께서는 그분의 작정을 창조와 섭리의 일로써 이루십니다.

소9. 하나님께서 창조하신 일이 무엇입니까?

☞ 하나님께서 창조하신 일은 엿새 동안에 아무것도 없는 중에서 그분의 능력 있는 말씀으로 만물을 지으신 것인데, 하나님의 보시기에 모든 것이 매우 좋았습니다.

소10. 하나님께서 사람을 어떻게 지으셨습니까?

☞ 하나님께서는 사람을 남자와 여자로 지으시되 자기의 형상대로 지식과 의와 거룩함으로 창조하시어 피조물을 다스리게 하셨습니다.

소11. 하나님께서 섭리하시는 일이 무엇입니까?

☞ 하나님께서 섭리하시는 일은 모든 피조물과 그 모든 활동을 가장 거룩하고 지혜롭고 능력 있게 보존하시며 통치하시는 것입니다.

소12. 사람이 창조받은 지위에 있을 때에 하나님께서 그에게 행하신 특별한 섭리는 무엇입니까?

☞ 하나님께서 사람을 창조하신 후에 완전한 순종을 조건으로 생명 언약을 맺으시고, 선악을 알게 하는 나무의 열매 먹는 것을 사망의 벌로써 금하셨습니다.

소13. 우리 시조가 창조 받은 지위에 그대로 있었습니까?

☞ 우리 시조는 의지의 자유를 받았으나 하나님께 범죄 함으로써 창조 받은 지위에서 타락하였습니다.

소14. 죄란 무엇입니까?

☞ 죄는 하나님의 율법을 조금이라도 부족하게 지키거나 그 법을 어기는 것입니다.

소15. 우리 시조가 창조받은 지위에서 타락하게 된 죄는 무엇입니까?

☞ 우리 시조가 창조 받은 지위에서 타락하게 된 죄는 금하신 열매를 먹은 것입니다.

소16. 아담의 첫 범죄 때에 모든 사람이 타락하였습니까?

☞ 아담과 맺으신 언약은 아담 한 사람만이 아니라 그의 후손까지 위한 것이므로, 보통 출생법으로 아담의 후손이 된 모든 인류는 아담의 첫 범죄 때에 그의 안에서 죄를 짓고 그와 함께 타락하였습니다.

소17. 타락으로 말미암아 인류는 어떠한 처지에 떨어지게 되었습니까?

☞ 타락으로 말미암아 인류는 죄와 비참한 처지에 떨어지게 되었습니다.

소18. 사람이 그 타락한 처지에서 죄 되는 것은 무엇입니까?

☞ 사람이 그 타락한 처지에서 죄 되는 것은 아담의 첫 범죄의 죄책과 원시의가 없는 것과 온 성품이 부패한 것인데, 이것이 보통 원죄라 하는 것이고, 아울러 이 죄로 말미암아 나오는 모든 자범죄입니다.

소19. 사람이 그 타락한 처지에서 비참한 것은 무엇입니까?

☞ 모든 인류는 타락함으로 말미암아 하나님과 교제가 끊어졌고 하나님의 진노와 저주 아래 있으며, 그로 말미암아 이 세상에서 온갖 비참함을 겪다가 결국 죽음에 이르고 영원한 지옥의 고통에 떨어집니다.

3. 그리스도의 구속 사역

소20. 하나님께서 모든 인류를 죄와 비참한 처지에서 멸망하게 버려두셨습니까?

☞ 하나님께서는 영원부터 오직 그분의 선하신 뜻대로 어떤 사람들을 영생에 이르도록 선택하셨고, 구속자로 말미암아 그들을 죄와 비참한 처지에서 건져 내어 구원의 지위에 이르게 하시려고 은혜언약을 세우셨습니다.

소21. 하나님께서 선택하신 사람들의 구속자는 누구이십니까?

☞ 하나님께서 선택하신 사람들의 구속자는 오직 주 예수 그리스도이십니다. 그분은 하나님의 영원한 아들로서 사람이 되셨고, 한 위에 양성을 가지신 하나님이시고 사람이셨으며, 지금도, 그리고 영원토록 그러하십니다.

소22. 하나님의 아들이신 그리스도께서 어떻게 사람이 되셨습니까?

☞ 하나님의 아들이신 그리스도께서는 성신의 능력으로 잉태되어 동정녀 마리아의 몸에서 참몸과 지각 있는 영혼을 취하심으로 사람이 되셨습니다. 또한 마리아에게서 태어나셨으나 죄는 없으십니다.

소23. 그리스도께서 우리의 구속자로서 무슨 직분을 행하십니까?

☞ 그리스도께서는 우리의 구속자로서 선지자와 제사장과 왕의 직분을 낮아지고 높아지신 두 지위에서 행하십니다.

소24. 그리스도께서 선지자의 직분을 어떻게 행하십니까?

☞ 그리스도께서는 선지자로서 우리를 구원하시려는 하나님의 뜻을 그분의 말씀과 성신으로 우리에게 계시하십니다.

소25. 그리스도께서 제사장의 직분을 어떻게 행하십니까?

☞ 그리스도께서는 제사장으로서 단번에 자신을 제물로 드려 하나님의 공의를 만족시키시고 우리를 하나님과 화목하게 하셨으며, 또한 우리를 위하여 항상 간구하십니다.

소26. 그리스도께서 왕의 직분을 어떻게 행하십니까?

☞ 그리스도께서는 왕으로서 우리를 자기에게 복종하게 하시고, 우리를 다스리시고 보호하시며, 그분의 모든 원수들, 곧 우리 원수들을 제어하시고 정복하십니다.

소27. 그리스도의 낮아지심이 무엇입니까?

☞ 그리스도의 낮아지심은 그분이 강생하시되 그처럼 비천한 형편에 태어나셨고 율법 아래 나셨으며, 이 세상에서 여러 가지 비참함을 겪다가 하나님의 진노와 십자가의 저주의 죽음을 받으셨고 장사되셔서 얼마 동안 죽음의 권세 아래 거하신 것입니다.

소28. 그리스도의 높아지심이 무엇입니까?

☞ 그리스도의 높아지심은 그분이 사흗날에 죽은 자들 가운데서 부활하셨고, 하늘에 오르셨고, 성부 하나님 우편에 앉아 계시며, 마지막 날에 세상을 심판하러 오시는 것입니다.

4. 성신의 적용 사역

소29. 우리가 어떻게 그리스도의 값 주고 사신 구속에 참여하는 사람이 됩니까?

☞ 그리스도의 성신께서 그 구속을 우리에게 효력 있게 적용하여 주심으로 우리는 그리스도의 값 주고 사신 구속에 참여하는 사람이 됩니다.

소30. 그리스도의 값 주고 사신 구속을 성신께서 우리에게 어떻게 적용하십니까?

☞ 성신께서는 우리를 효력 있는 부르심으로 부르셔서 우리 안에 믿음을 일으켜 주시고 그리스도와 연합하게 하심으로 그리스도의 값 주고 사신 구속을 우리에게 적용하여 주십니다.

소31. 효력 있는 부르심이 무엇입니까?

☞ 효력 있는 부르심은 하나님의 성신께서 하시는 일로써, 우리의 죄와 비참함을 깨닫게 하시고, 우리의 마음을 밝게 하여 그리스도를 알게 하시고, 우리의 의지를 새롭게 하셔서, 우리로 하여금 복음 가운데 값없이 주시는 예수 그리스도를 영접하도록 우리를 설복하여 믿게 하시는 것입니다.

소32. 효력 있는 부르심을 받은 사람들이 이생에서 무슨 유익을 얻습니까?

☞ 효력 있는 부르심을 받은 사람들은 이생에서 의롭다 하심과 양자로 삼으심과 거룩하게 하심을 얻고, 또한 그것들과 함께 오거나 그것들에서 나오는 유익을 얻습니다.

소33. 의롭다 하심이 무엇입니까?

☞ 의롭다 하심은 하나님께서 값없이 주시는 은혜의 행위이고, 이로써 그분이 우리의 모든 죄를 용서하시고 우리를 자기 앞에서 의롭다고 여겨 주십니다. 이것은 오직 그리스도의 의를 우리에게 돌려주시는 일이고, 우리는 오직 믿음으로 받습니다.

소34. 양자로 삼으심이 무엇입니까?

☞ 양자로 삼으심은 하나님께서 값없이 주시는 은혜의 행위이고, 이로써 우리가 하나님의 자녀의 수에 들게 되고 자녀의 모든 특권을 누릴 수 있게 됩니다.

소35. 거룩하게 하심은 무엇입니까?

☞ 거룩하게 하심은 하나님께서 값없이 주시는 은혜의 행위이고, 이로써 우리가 하나님의 형상을 좇아 온전히 새사람이 되고, 점점 더 죄에 대하여 죽고 의에 대하여 살게 됩니다.

소36. 의롭다 하심과 양자로 삼으심과 거룩하게 하심과 함께 오거나 그것들에서 나오는 이생의 유익은 무엇입니까?

☞ 의롭다 하심과 양자로 삼으심과 거룩하게 하심과 함께 오거나 그것들에서 나오는 이생의 유익은 하나님의 사랑을 확신함과 양심의 평안과 성신 안에서 누리는 기쁨과 은혜의 많아짐과 은혜 가운데서 끝까지 견디는 것입니다.

소37. 신자가 죽을 때에 그리스도에게서 무슨 유익을 받습니까?

☞ 신자가 죽을 때에 그의 영혼이 완전히 거룩하게 되어 즉시 영광에 들어가고, 그의 몸은 여전히 그리스도에게 연합되어 부활할 때까지 무덤에서 쉽니다.

소38. 신자가 부활할 때에 그리스도에게서 무슨 유익을 받습니까?

☞ 신자가 부활할 때에 영광 중에 일으킴을 받고, 심판 날에 공적으로 인정되고 죄 없다 함을 얻으며, 영원토록 하나님을 충만하게 즐거워하면서 완전한 복을 누릴 것입니다.

2부 하나님께서 요구하시는 것

1. 십계명

소39. 하나님께서 사람에게 요구하시는 본분이 무엇입니까?

☞ 하나님께서 사람에게 요구하시는 본분은 그분이 나타내 보이신 뜻에 순종하는 것입니다.

소40. 사람이 마땅히 순종할 규칙으로 하나님께서 처음 나타내 보이신 것은 무엇입니까?

☞ 사람이 마땅히 순종할 규칙으로 하나님께서 처음 나타내 보이신 것은 도덕의 법칙입니다.

소41. 도덕의 법칙은 어디에 총괄되어 나타났습니까?

☞ 도덕의 법칙은 십계명에 총괄되어 나타났습니다.

소42. 십계명의 강령이 무엇입니까?

☞ 십계명의 강령은 우리의 마음을 다하고 목숨을 다하고 힘을 다하고 뜻을 다하여 주 우리 하나님을 사랑하고, 또 이웃을 자기 자신같이 사랑하라는 것입니다.

소43. 십계명의 머리말이 무엇입니까?

☞ 십계명의 머리말은 "나는 너를 애굽 땅 종 되었던 집에서 인도하여낸 너의 하나님 여호와로다"고 하신 것입니다.

소44. 십계명의 머리말이 우리에게 가르치는 것은 무엇입니까?

☞ 십계명의 머리말이 우리에게 가르치는 것은 하나님께서 여호와, 우리 하나님이시고, 구속자이시므로, 우리가 마땅히 그분의 모든 계명을 지켜야 한다는 것입니다.

소45. 제1계명은 무엇입니까?

☞ 제1계명은 "너는 나 외에는 다른 신들을 네게 있게 말지니라" 하신 것입니다.

소46. 제1계명이 명하는 것은 무엇입니까?

☞ 제1계명이 우리에게 명하는 것은 하나님께서 유일하고 참되신 하나님이시고 우리의 하나님이심을 알고 인정하며, 그에 합당하게 하나님을 경배하고 영화롭게 하라는 것입니다.

소47. 제1계명이 금하는 것은 무엇입니까?

☞ 제1계명이 금하는 것은 하나님께서 참되신 하나님이시고 우리의 하나님이심을 부인하거나 그러한 분으로 경배하지 않거나 영화롭게 하지 않는 것이며 또한 오직 그분께만 드려야 할 경배와 영광을 다른 자나 다른 것에게 돌리는 것입니다.

소48. 제1계명에서 "나 외에는" 혹은 "내 앞에서"라는 말씀이 우리에게 특별히 가르치는 것은 무엇입니까?

☞ 제1계명에서 "나 외에는" 혹은 "내 앞에서"라는 말씀이 우리에게 특별히 가르치는 것은 모든 것을 보고 계시는 하나님께서 우리가 조금이라도 다른 신을 섬기는 죄를 특히 눈여겨보시고 매우 싫어하신다는 것입니다.

소49. 제2계명은 무엇입니까?

☞ 제2계명은 "너를 위하여 새긴 우상을 만들지 말고, 또 위로 하늘에 있는 것이나 아래로 땅에 있는 것이나 땅 아래 물속에 있는 것의 아무 형상이든지 만들지 말며, 그것들에게 절하지 말며, 그것들을 섬기지 말라. 나 여호와 너의 하나님은 질투하는 하나님인즉, 나를 미워하는 자의 죄를 갚되 아비로부터 아들에게 삼사 대까지 이르게 하거니와, 나를 사랑하고 내 계명을 지키는 자에게는 천 대까지 은혜를 베푸느니라" 하신 것입니다.

소50. 제2계명이 명하는 것은 무엇입니까?

☞ 제2계명이 명하는 것은 하나님께서 그분의 말씀에서 정하여 주신 그 모든 경건한 예배와 규례를 받아들이고 행하며 순전하고 온전하게 지키라는 것입니다.

소51. 제2계명에서 금하는 것은 무엇입니까?

☞ 제2계명이 금하는 것은 하나님께 예배를 드릴 때에 형상을 사용하거나 혹은 하나님의 말씀에서 정하여 주시지 않은 다른 방법을 조금이라도 사용하는 것입니다.

소52. 제2계명을 지킬 이유로 이어서 말씀하신 것은 무엇입니까?

☞ 제2계명을 지킬 이유로 이어서 말씀하신 것은 하나님께서 우리의 주권자이시고 우리의 소유주이시며, 친히 정하신 대로 경배받기를 열망하신다는 것입니다.

소53. 제3계명은 무엇입니까?

☞ 제3계명은 "너는 너의 하나님 여호와의 이름을 망령되이 일컫지 말라. 나 여호와는 나의 이름을 망령되이 일컫는 자를 죄 없다 하지 아니하리라" 하신 것입니다.

소54. 제3계명이 명하는 것은 무엇입니까?

☞ 제3계명이 명하는 것은 하나님의 이름과 칭호와 속성과 규례와 말씀과 행사를 존경하는 마음으로 거룩하게 사용하라는 것입니다.

소55. 제3계명이 금하는 것은 무엇입니까?

☞ 제3계명이 금하는 것은 하나님께서 자기를 나타내시는 데 쓰시는 것을 속되게 하거나 잘못 사용하는 것입니다.

소56. 제3계명을 지킬 이유로 이어서 말씀하신 것은 무엇입니까?

☞ 제3계명을 지킬 이유로 이어서 말씀하신 것은 이 계명을 범한 자들이 비록 사람의 형벌은 피할 수 있어도, 여호와 우리 하나님의 의로운 심판은 피할 수 없다는 것입니다.

소57. 제4계명이 무엇입니까?

☞ 제4계명은 "안식일을 기억하여 거룩히 지키라. 엿새 동안은 힘써 네 모든 일을 행할 것이나, 제칠 일은 너희 하나님 여호와의 안식일인즉 너나 네 아들이나 네 딸이나 네 남종이나 네 여종이나 네 육축이나 네 문 안에 유하는 객이라도 아무 일도 하지 말라. 이는 엿새 동안에 나 여호와가 하늘과 땅과 바다와 그 가운데 모든 것을 만들고 제칠 일에 쉬었음이라. 그러므로 나 여호와가 안식일을 복되게 하여 그날을 거룩하게 하였느니라" 하신 것입니다.

소58. 제4계명에서 명하는 것은 무엇입니까?

☞ 제4계명이 명하는 것은 하나님께서 주님의 말씀으로 정하신 일정한 시간을 하나님께 거룩하게 지키는 것, 곧 이레 중 하루를 종일토록 하나님께 거룩한 안식일로 지키라는 것입니다.

소59. 하나님께서 이레 중에 어느 날을 매주의 안식일로 정하셨습니까?

☞ 세상의 처음부터 그리스도의 부활까지는 매주의 일곱째 날을 안식일로 정하셨고, 그 후부터 세상의 끝 날까지는 매주의 첫째 날을 안식일로 정하셨는데, 이날이 그리스도인의 안식일입니다.

소60. 안식일을 어떻게 거룩하게 지킬 수 있습니까?

☞ 우리는 그날 종일을 거룩하게 쉬고 다른 날에 정당한 세상일과 오락까지도 쉬고, 또한 그 모든 시간을 하나님께 공적으로나 개인적으로 예배드리는 데에 사용함으로써 안식일을 거룩하게 지킵니다. 다만 불가피한 일과 자비를 베푸는 일은 행할 수 있습니다.

소61. 제4계명에서 금하는 것은 무엇입니까?

☞ 제4계명에서 금하는 것은 명하신 의무를 이행하지 않거나 부주의하게 이행하는 것이며, 게으르거나 그 자체로 죄악적인 일을 하거나 또한 세상일과 오락에 관련된 불필요한 생각과 말과 일을 함으로써 그날을 더럽히는 것입니다.

소62. 제4계명을 지킬 이유로 이어서 말씀하신 것은 무엇입니까?

☞ 제4계명을 지킬 이유로 이어서 말씀하신 것은 우리 자신의 일을 하도록 엿새를 허락하여 주셨고, 제칠 일을 주님의 특별한 소유로 주장하셨고 친히 모범을 보여 주셨고, 안식일을 복 주신 것입니다.

소63. 제5계명은 무엇입니까?

☞ 제5계명은 "네 부모를 공경하라. 그리하면 너의 하나님 나 여호와가 네게 준 땅에서 네 생명이 길리라" 하신 것입니다.

소64. 제5계명이 명하는 것은 무엇입니까?

☞ 제5계명이 명하는 것은 윗사람과 아랫사람, 그리고 동료와 같은, 각각의 여러 지위와 인륜 관계에서 각 사람의 명예를 존중하고 각 사람에 대한 의무를 수행하라는 것입니다.

소65. 제5계명에서 금하는 것은 무엇입니까?

☞ 제5계명이 금하는 것은 각각의 여러 지위와 인륜 관계에서 각 사람의 명예를 존중하지 않고 각 사람에 대한 의무 수행하기를 소홀히 하거나 거스르는 것입니다.

소66. 제5계명을 지킬 이유로 이어서 말씀하신 것은 무엇입니까?

☞ 제5계명에서 지킬 이유로 이어서 말씀하신 것은 이 계명을 지키는 모든 사람이 장수하고 번영하리라는 약속입니다. 다만 하나님께 영광이 되고 그들에게 선이 되는 한, 그렇습니다.

소67. 제6계명은 무엇입니까?

☞ 제6계명은 "살인하지 말지니라" 하신 것입니다.

소68. 제6계명에서 명하는 것은 무엇입니까?

☞ 제6계명에서 명하는 것은 모든 정당한 노력을 기울여 자기 자신의 생명과 다른 사람의 생명을 보존하라는 것입니다.

소69. 제6계명에서 금하는 것은 무엇입니까?

☞ 제6계명에서 금하는 것은 자기 자신의 생명이나 이웃의 생명을 불의하게 빼앗거나 죽음으로 이끄는 모든 것입니다.

소70. 제7계명은 무엇입니까?

☞ 제7계명은 "간음 하지말지니라" 하신 것입니다.

소71. 제7계명이 명하는 것은 무엇입니까?

☞ 제7계명이 명하는 것은 마음의 말과 행동에서 자기 자신의 정조와 이웃의 성적 순결을 보전하라는 것입니다.

소72. 제7계명이 금하는 것은 무엇입니까?

☞ 제7계명이 금하는 것은 모든 부정한 생각과 말과 행동입니다.

소73. 제8계명이 무엇입니까?

☞ 제8계명은 "도적질하지 말지니라" 하신 것입니다.

소74. 제8계명에서 명하는 것은 무엇입니까?

☞ 제8계명이 명하는 것은 자기 자신이나 다른 사람의 부와 재산을 합법하게 얻고 증진시키라는 것입니다.

소75. 제8계명이 금하는 것은 무엇입니까?

☞ 제8계명이 금하는 것은 지기 자신이나 이웃의 부와 재산에 부당하게 손해를 끼치거나 손해 끼칠 만한 일을 하는 것입니다.

소76. 제9계명은 무엇입니까?

☞ 제9계명은 "네 이웃에 대하여 거짓 증거 하지 말지니라" 하신 것입니다.

소77. 제9계명이 명하는 것은 무엇입니까?

☞ 제9계명이 명하는 것은 사람 사이의 진실함과 자기 자신과 이웃의 명예를 유지하고 증진시키라는 것이고, 특별히 증언할 때에 그리 하라는 것입니다.

소78. 제9계명이 금하는 것은 무엇입니까?

☞ 제9계명이 금하는 것은 무엇이든지 진실함을 손상하는 것과 자기 자신과 이웃의 명예를 훼손하는 것입니다.

소79. 제10계명이 무엇입니까?

☞ 제10계명은 "네 이웃의 집을 탐내지 말지니라. 네 이웃의 아내나 그의 남종이나 그의 여종이나 그의 소나 그의 나귀나 무릇 네 이웃의 소유를 탐내지 말지니라" 하신 것입니다.

소80. 제10계명이 명하는 것은 무엇입니까?

☞ 제10계명이 명하는 것은 자기 자신의 처지에 온전히 만족하며, 우리 이웃과 그의 모든 소유에 대하여 정당하고 잘되기 바라는 심정을 가지라는 것입니다.

소81. 제10계명이 금하는 것은 무엇입니까?

☞ 제10계명이 금하는 것은 자기 자신의 처지를 조금이라도 불만스러워 하고 이웃의 잘됨을 시기하고 원통하게 여기고 이웃의 것에 대하여 조금이라도 부당한 마음과 욕심을 품는 것입니다.

소82. 하나님의 계명을 완전히 지킬 수 있는 사람이 있습니까?

☞ 타락한 이후 한낱 사람으로서는 이 세상에 살 동안에 하나님의 계명들을 완전히 지킬 수 없고, 오히려 생각과 말과 행위로 날마다 범합니다.

소83. 법을 어기는 죄가 모두 똑같이 악합니까?

☞ 어떤 죄는 그 자체로써 그리고 거기서 파생된 해악으로 말미암아 하나님 앞에서 다른 죄보다 더 악합니다.

소84. 모든 죄마다 마땅히 받아야 할 보응이 무엇입니까?

☞ 모든 죄마다 마땅히 받아야 할 보응은 이 세상과 오는 세상에서 하나님의 진노와 저주를 받는 것입니다.

2. 은혜의 방도

1) 구원과 말씀

소85. 우리의 죄로 말미암아 마땅히 받아야 할 하나님의 진노와 저주를 피하게 하시려고 하나님께서 우리에게 요구하시는 것은 무엇입니까?

☞ 우리의 죄로 말미암아 마땅히 받아야 할 하나님의 진노와 저주를 피하게 하시려고 하나님께서 우리에게 요구하시는 것은 예수 그리스도를 믿고, 생명에 이르는 회개를 하며, 우리에게 구속의 은덕을 끼쳐 주시려고 그리스도께서 쓰시는 모든 방도를 부지런히 사용하는 것입니다.

소86. 예수 그리스도를 믿는 믿음이 무엇입니까?

☞ 예수 그리스도를 믿는 믿음은 구원의 은혜이고, 이로써 우리는 구원을 얻으려고 복음이 전하는 예수 그리스도를 영접하고 그분만을 의지합니다.

소87. 생명에 이르는 회개는 무엇입니까?

☞ 생명에 이르는 회개는 구원의 은혜이고, 이로써 죄인이 자기 죄를 바로 알고, 그리스도 안에 있는 하나님의 자비를 깨달아, 자기 죄를 슬퍼하고 미워하고, 그 죄에서 떠나 하나님께로 돌아가고 굳은 결심과 노력으로 새롭게 순종합니다.

소88. 그리스도께서 우리에게 구속의 은덕을 끼치는 데 쓰시는 통상적인 방도는 무엇입니까?

☞ 그리스도께서 우리에게 구속의 은덕을 끼치는 데 쓰시는 통상적인 방도는 그분이 정하신 것인데, 특히 말씀과 성례와 기도입니다. 이 모든 것이 택함 받은 사람들에게 구원을 위하여 효력 있게 됩니다.

소89. 말씀이 어떻게 구원을 위하여 효력 있게 됩니까?

☞ 하나님의 성신께서 말씀의 낭독, 특별히 강설을 효력 있는 방도로 쓰셔서 죄인을 설복하고 회개시키며, 거룩함과 위로로 그들을 세워서 믿음으로 구원에 이르게 합니다.

소90. 하나님의 말씀을 어떻게 읽고 들어야 그것이 구원을 위하여 효력 있게 됩니까?

☞ 하나님의 말씀이 구원을 위하여 효력 있게 되려면 우리는 부지런함과 준비와 기도로써 말씀에 집중하며, 그 말씀을 믿음과 사랑으로 받아들이고, 우리 마음에 간직하고, 우리의 생활에서 실천해야 합니다.

2) 세례와 성찬

소91. 성례가 어떻게 효력 있는 구원의 방도가 됩니까?

☞ 성례가 효력 있는 구원의 방도가 되는 것은 성례 자체에나 성례를 행하는 사람에게 어떤 덕이 있어서가 아니고, 오직 그리스도의 복 주심과 믿음으로 성례를 받는 사람 속에서 그리스도의 성신께서 일하심으로 됩니다.

소92. 성례가 무엇입니까?

☞ 성례는 그리스도께서 세우신 거룩한 예식이고, 이 예식 가운데 그리스도와 새 언약의 유익이 눈에 보이는 표로써 믿는 사람에게 표시되고 인 쳐지며 적용됩니다.

소93. 신약의 성례가 어느 것입니까?

☞ 신약의 성례는 세례와 성찬입니다.

소94. 세례는 무엇입니까?

☞ 세례는 성부와 성자와 성신의 이름 안으로 연합시키는 물로 씻는 성례입니다. 세례는 우리가 그리스도에게 접붙여짐과 은혜 언약의 유익에 참여함과 주님의 것이 되기로 약속함을 표시하고 인 칩니다.

소95. 세례는 어떤 사람에게 베풉니까?

☞ 세례는 보이는 교회 밖에 있는 사람에게 베풀지 않고, 누구든지 그리스도를 믿고 주님께 순종하겠다고 고백할 때에 비로소 베풀며, 보이는 교회의 회원의 유아들이 받습니다.

소96. 주님의 성찬이 무엇입니까?

☞ 주의 성찬은 그리스도께서 정하신 대로 떡과 포도주를 주고 받음으로써 그의 죽으심을 나타내 보이는 성례입니다. 주님의 성찬을 합당하게 받는 사람은 물질적이고 육신적인 태도가 아니라 믿음으로 받고 그리스도의 몸과 피에 참여하여서 주님의 모든 유익을 받고, 신령한 양식을 먹고 은혜 안에서 장성합니다.

소97. 주의 성찬을 합당하게 받으려면 어떻게 하여야 합니까?

☞ 주님의 성찬에 합당하게 참여하려는 사람은 주님의 몸을 분별하는 지식이 있는지, 주님을 양식으로 삼는 믿음이 있는지, 회개와 사랑과 새로운 순종이 있는지 스스로 살펴야 합니다. 그렇지 아니하면 합당치 않게 나아옴으로 자기에게 임할 심판을 먹고 마시게 됩니다.

3) 주님께서 가르치신 기도

소98. 기도가 무엇입니까?

☞ 기도는 그리스도의 이름으로 우리의 소원을 하나님께 올리는 것인데, 그분의 뜻에 맞는 것을 구하고, 우리의 죄를 고백하고 그분의 자비하심을 깨달아서 감사하는 것입니다.

소99. 우리의 기도를 지도하시려고 하나님께서 우리에게 주신 법칙은 무엇입니까?

☞ 하나님의 모든 말씀이 우리의 기도를 지도하기에 유용합니다. 다만 특별한 법칙은 그리스도께서 제자들에게 가르쳐 주신 기도, 곧 일반적으로 '주님께서 가르치신 기도'라 부르는 것입니다.

소100. 주님께서 가르치신 기도의 머리말이 우리에게 가르치는 것은 무엇입니까?

☞ "하늘에 계신 우리 아버지"라는 기도의 머리말은, 자녀들이 아버지에게 나아가듯이 우리로 하여금 모든 거룩한 공경심과 확신을 가지고 도와줄 능력과 마음이 있는 하나님께 나아갈 것을 가르칩니다. 또한 우리가 다른 사람과 함께 기도하고 다른 사람을 위하여 기도할 것을 가르칩니다.

소101. 첫째 간구로 우리는 무엇을 구합니까?

☞ "이름을 거룩히 여김을 받으시옵소서"라는 첫째 간구로 우리는 하나님께서 자기를 알리시는 모든 일에서 우리와 다른 사람으로 하여금 하나님을 영화롭게 하도록 하시고, 하나님께서 모든 것을 자기의 영광만을 위하여 친히 처리하여 주시기를 구합니다.

소102. 둘째 간구로 우리는 무엇을 구합니까?

☞ "나라이 임하옵소서"라는 둘째 간구로 우리는 사탄의 나라가 멸망하고, 은혜의 나라가 흥왕하여서 우리와 다른 사람들이 거기 들어가 지켜 주심을 받고, 영광의 나라가 속히 오게 하여 주시기를 구합니다.

소103. 셋째 간구로 우리는 무엇을 구합니까?

☞ "뜻이 하늘에서 이룬 것같이 땅에서도 이루어지이다"라는 셋째 간구로 우리는 하나님께서 은혜를 베풀어 주셔서 우리로 하여금 기꺼운 마음으로, 하늘에서 천사들이 하듯이, 모든 일에서 주님의 뜻을 알고 순종하고 열복하게 하여 주시기를 구합니다.

소104. 넷째 간구로 우리는 무엇을 구합니까?

☞ "오늘날 우리에게 일용할 양식을 주옵소서"라는 넷째 간구로 우리는 이생의 좋은 것들 가운데서 충분한 분깃을 하나님의 값없이 주시는 선물로 받고, 그와 아울러 하나님의 복 주심 누리기를 구합니다.

소105. 다섯째 간구로 우리는 무엇을 구합니까?

☞ "우리가 우리에게 죄지은 자를 사하여 준 것같이 우리의 죄를 사하여 주옵소서"라는 다섯째 간구로 우리는 하나님께서 그리스도를 보시고 우리의 모든 죄를 값없이 용서하여 주시기를 구합니다. 주님의 은혜로 말미암아 우리가 다른 사람들을 진심으로 용서할 수 있기 때문에 더욱 담대히 그렇게 구할 수 있습니다.

소106. 여섯째 간구로 우리는 무엇을 구합니까?

☞ "우리를 시험에 들지 말게 하옵시며 다만 악에서 구하옵소서"라는 여섯째 간구로 우리는 하나님께서 우리를 지켜 주셔서 우리가 죄에 이르는 시험을 당하지 않게 하시고, 시험을 당할 때에는 우리를 붙드시고 구원하여 주시기를 구합니다.

소107. 주님께서 가르치신 기도의 맺음말은 우리에게 무엇을 가르칩니까?

☞ "대게 나라와 권세와 영광이 아버지께 영원히 있사옵나이다. 아멘"이라는 주님께서 가르치신 기도의 맺음말은 우리로 하여금 기도할 담력을 오직 하나님께로부터 얻고, 나라와 권세와 영광을 하나님께 돌림으로써 기도할 때에 하나님을 찬송할 것을 가르칩니다. 우리의 기도를 들어주시리라는 소원과 확신의 표시로 우리가 "아멘"이라고 합니다.

참 고

웨스트민스터 대요리 문답, 웨스트민스터 신앙고백서 및 하이델베르크 요리문답 중에서 발췌함

1. 유형교회란 무엇입니까?

☞ 유형교회라는 것은 참 종교를 고백하는 세계의 모든 시대와 장소에 있는 모든 사람과 그들의 자녀로 구성된 한 단체입니다.

2. 무형교회란 무엇입니까?

☞ 무형교회는 머리되시는 그리스도 밑에 하나로 모이며 장차 모일 택한 자의 총수입니다.

3. 의롭다 칭하심(칭의)과 거룩케 하심(성화)은 어느 점에서 다릅니까?

☞ 비록 거룩하게 하심이 의롭다 하심과 불가분의 관계가 있지만 다른 점이 있습니다. 곧 의롭다 하실 때 하나님께서 그리스도의 의를 우리에게 돌리시는 반면, 거룩하게 하실 때에는 하나님의 영이 은혜를 주입하시어 신자로 하여금 그 은혜로 인하여 옳게 하시는 능력을 주십니다. 전자에서는 죄가 용서되고, 후자에서는 죄가 억제되는 것이며, 전자는 보복하시는 하나님의 진노에서 모든 신자를 평등하게 해방하시되 현세에서 이를 완성하며 그들이 다시 정죄에 떨어지지 않게 합니다. 후자는 모든 신자 간에 평등하지도 않고 현세에서 결코 완성될 수도 없으며 다만 완성을 향해서 자라날 뿐입니다.

4. 세례와 성찬은 어떠한 점에서 일치합니까?

☞ 세례와 성찬이 일치하는 것은 두 가지입니다. 창시자가 하나님이시라는 점과 양자의 영적 구분이 그리스도와 그의 혜택이라는 점, 양자가 다같은 언약의 인치심이라는 점, 양자가 다 복음의 사역자 곧 목사에 의해서 시행되며 그 밖의 누구에 의해서도 시행될 수 없다는 점과 주님께서 재림하실 때까지 그리스도의 교회에서 계속 시행되어야 한다는 점에서 일치합니다.

5. 세례와 성찬의 성례는 어떠한 점에서 다릅니까?

☞ 세례와 성찬의 성례가 다른 것은 세례는 우리의 거듭남과 그리스도께서 접붙임 됨의 표와 보증으로 물로 시행되며 심지어 어린 아이에게까지 단 한번만 시행되는 반면에, 성찬은 떡과 포도주로 자주 시행되며 영혼의 신령한 양식이 되시는 그리스도를 표시하고 나타내며 우리가 그 안에 계속하여 거하고 자라남을 확인하기 위함인데 자신을 검토할 수 있는 연령과 능력에 이른 사람들에게만 시행되는 점에서 다른 것입니다.

6. 참된 믿음이란 무엇입니까?

☞ 참된 믿음이란 하나님께서 말씀으로 계시하신 모든 것은 진실하다는 것을 알고 믿을 뿐 아니라 그리스도의 순전한 은혜로 말미암아 다른 사람뿐만 아니라, 나도 역시 죄를 용서받았고 하나님 앞에서 영원히 의롭게 되었으며 구원받게 되었다는 것을 성령께서 복음을 통하여 내게 불어넣어 주시는 굳건한 확신입니다.

7. 사도신경은 어떻게 구분됩니까?

☞ 셋으로 구분됩니다. 즉 성부 하나님과 우리의 창조, 성자 하나님과 우리의 구원, 성령 하나님과 우리의 성화가 그것입니다.

8. 하나님의 섭리란 무엇입니까?

☞ 섭리란 하나님께서 항상 지니고 계신 전능하신 능력으로써 하나님께서는 그것으로 하늘과 땅과 모든 만물을 붙드시고 다스리십니다. 따라서 꽃잎과 풀잎 비와 가뭄 풍년과 흉년 양식과 음료 건강과 질병 번영과 궁핍 이 모든 것들이 사실상 우연히 다가오는 것이 아니라 그의 자애로운 손길로부터 오는 것입니다.

9. 천국의 열쇠란 무엇입니까?

☞ 거룩한 복음의 전파와 회개를 위해 시행되는 기독교 권징입니다. 천국의 문은 복음 전파와 권징을 통하여 신자들에게는 열리고 불신자들에게는 닫히는 것입니다.

10. 참다운 회개 또는 회심에는 몇 가지가 있습니까?

☞ 두 가지인데, 하나는 옛사람이 죽는 것이고 또 하나는 새사람으로 사는 일입니다.

11. '아멘'이라는 낱말의 의미는 무엇입니까?

☞ '아멘'이란 이것이 참되고 확실하다는 뜻입니다. 그리고 '그렇게 되어지기를 바랍니다' 라는 뜻이며, 내가 기도한 것이 진실로 이루어

지기를 바라는 내 마음의 소원 이상으로 하나님은 내 기도를 들어주신다는 것이 확실하다는 것을 믿는 것입니다.

12. 언약은 율법 시대와 복음 시대에 각기 다르게 집행되었습니다. 언약이 율법 하에서는 약속들, 예언들, 제물들, 할례, 유월절 양 그리고 유대 백성들에게 전해진 다른 모형들과 의식들에 의하여 집행되었는데, 이 모든 것은 장차 오실 그리스도를 예표하였습니다(히8~10장, 롬4:11, 골2:11~12, 고전5:7). 그리고 그 당시에는 약속된 메시야(고전10:1~4, 히11:13, 요8:56)를 믿는 신앙으로 선택자들을 교훈하며 세우는데 성령의 사역으로 말미암아 이것들만으로도 충분하였고 효과적이었습니다. 그 메시야로 말미암아 그들은 완전한 죄 사함과 영원한 구원을 얻었는데 이를 "구약"이라고 부릅니다(갈3:7~9, 14).

13. 복음 하에서 실체이신 그리스도께서(골2:17) 나타나시게 되자, 이 언약은 말씀 선포와 세례와 주의 만찬인 성례 의식으로 집행되었습니다(마28:19, 20, 고전 11:23~25). 이 의식들은 수적으로는 몇 안 되어 단조롭고, 그리고 외적인 화려함도 없이 집행되지만 그것들을 통해서 그 언약이 모든 민족들(마28:19, 엡 2:15~19) 곧 유대인들과 이방인들에게 더욱 충분하고, 확실하고, 영적인 효과를 가지고 제시되고 있습니다(히12:22~27, 렘31:33,34). 이를 "신약"이라고 부릅니다(눅22:20). 그러므로 본질 면에서 차이가 있는 두 종류의 은혜 언약이 있는 것이 아니고 여러 세대에 걸쳐 있기는 하지만 하나의 동일한 언약이 있을 뿐입니다(갈3:14,16, 행15:11, 롬3:21~23,30, 시32:1, 롬4:3,6,16,17,23,24, 히13:8).

나의 Q.T 노트

1) 믿음과 구원과의 관계

- 구원받기 위해 믿는다.(×)…내가 중심
- 구원받은 것을 믿는다.(O)…하나님 중심

2) 믿음은 내가 믿는 것이 아니고, 믿어지는 것입니다.

- 내가 믿으면 : 보상개념(×)
- 내가 믿어지면 : 하나님의 은혜(O)

3) 우리가 믿음으로 구원을 받습니다.

그러나 그 믿음은 행위가 수반되어야 합니다. 여기서 행위란 가치관의 변화, 자기부인, 하나님 중심의 생활, 말씀에 순종하는 삶을 말합니다.

4) 믿음은 구원의 조건이 아니고, 구원의 방편이며 통로입니다.

- 구원의 조건

  첫째 : 창세전 하나님의 선택

  둘째 ; 예수 그리스도의 구속사역

  셋째 : 성령님께서 주님이라고 시인하도록 부르심(인치심)

5) 구원의 방편인 믿음도 하나님께서 주시는 선물입니다.

- 그러므로 믿는 것이 아니라 믿어지는 것입니다.(성령의 열매임)

6) 신앙과 신앙생활은 다릅니다.

- 신앙 : 하나님과의 관계(말씀에 순종) - being(됨)
- 신앙생활 : 인간과의 관계(사랑의 실천) - doing(함)

7) 믿음은 사랑으로 평가해야 합니다.

- 믿음 = 사랑, 인격(됨됨이)

8) 말씀충만이 곧 성령충만입니다.

- 늘 말씀과 기도로 사는 삶입니다.
- 성령을 좇아 거룩하게 사는 삶입니다.
- 온전히 성령님의 다스림을 받는 것입니다.

9) 용서는 힘있는 자의 관용이며, 사랑의 최고의 행위입니다.

10) 기도는 주님과의 대화이며 영적 호흡입니다.

- 내가 하지 말고 주님께 맡기는 것입니다.
- 하나님의 뜻을 분별하는 것입니다.
- 기도는 말이 아니고 믿음입니다.

11) 신앙의 3 요소

지 : 지식, 말씀
정 : 믿음, 사랑
의 : 순종, 행함

12) 영적전투의 승리를 위해 전신갑주를 입어야 합니다.

- 구원의 투구 : 구원, 신앙
- 사랑의 흉배 : 사랑, 믿음
- 성령의 검 : 말씀, 성경
- 복음의 신 : 전도
- 진리의 허리 띠
- 믿음의 방패

13) 상의 본질

- 영생(구원)(히11:5~6, 요한계시록)

14) 복의 본질

- 영생(구원)(시133:3, 요한계시록)

15) 생명의 면류관

- 종말론적으로 누리게 될 영생의 삶을 가리킵니다.

16) 구약과 신약과의 관계

- 구약 : 뿌리, 줄기
- 신약 : 가지, 열매
- 뿌리와 줄기가 튼튼해야 가지와 열매가 풍성해 집니다.

17) 바른 성경공부의 공식 : 분수식(분자/분모)으로 공부

- 분자 : 해당 본문 또는 사건
- 분모 : 해당 본문의 전후 문맥 및 성경전체의 언약적 구속사 관점

18) 천국은 무엇으로 가느냐?

- 행위로 간다.(×)
- 믿음으로 간다.(O)
- 행함은 구원의 은혜에 감사함으로 반응하는 것입니다.

19) 은혜란?

- 받을 수 없는 자에게 베푸시는 하나님의 무한한 호의입니다.

20) 은혜의 유일한 수단 : 말씀

21) 은혜의 내용

마땅히 해야 할 바를 나타냄(기도, 찬양, 헌신, 봉사 등)

22) 예배란?

구원의 은혜를 받은 자가, 마땅히 해야 할 신앙 고백적 행위입니다.

23) 하나님께 영광을 돌리는 삶

범사에 하나님을 인정하며 그 분의 뜻과 말씀의 원리를 좇아 살아가는 계시 의존적이며 섭리 의존적인 신앙생활을 총체적으로 가리킵니다.

24) 교인과 성도는 다릅니다.

- 교인 : 교회의 교적부에 등록된 사람
- 성도 : 하늘의 생명책에 기록된 사람

25) 그리스도인

- 하나님의 선민(선택한 민족)입니다.

26) 복음적 율법주의(×)

- 복음 : 은혜로 구원(신약)
- 율법 : 행함으로 구원(구약)

27) 성경공부

- 사실파악(시대적 배경) ⇒ 해석 ⇒ 적용

28) 바른 계시관 – 바른 신관 – 바른 구원관 – 바른 신앙관 – 바른 목회관 – 바른 교회관

29) 신앙생활

- 주님사랑, 이웃사랑(사랑의 동기가 유발된 실천적 삶)

30) 교회의 사명(5가지)

- 예배, 양육, 선교, 봉사, 교제

31) 성경을 아는 만큼 믿음이 성장합니다.

- 말씀과 기도는 경건한 삶을 이루는 첩경입니다.
- 성경은 하나님과 사람과의 약속의 책입니다.

32) 믿음의 결국은 구원의 완성입니다.

- 구원의 완성은 사실상 계시록에서 약속하고 있는 일체의 복에 대한 본질이며 실체입니다.

33) 믿음의 단계 : 구원 ⇒ 성화 ⇒ 영화

- 구원 : 선물, 값없이 주신 선물, 하나님의 은혜
- 성화 : 성령의 열매 맺는 삶, 예수 그리스도의 성품을 닮는 삶
- 영화 : 예수 그리스도의 재림 시 신랑 신부의 관계

34) 참된 인생은 하나님을 알아가는 과정입니다

- 하나님을 배우고 닮아가는 과정입니다.

35) 신앙생활

- 하나님과 동행하는 삶(구약)
- 주님 안에 거하는 삶(신약)

36) 말씀을 모르고 주님을 사랑할 수 있는가?

- 아는 만큼 믿음이 생기고, 믿는 만큼 주님을 사랑하게 됩니다. 하

나님의 본의를 쫓아 바르게 해석된 말씀으로 신앙관이 정립됩니다.

37) 성경에 나타난 궁극적인 복과 상급의 개념

- 복과 상급은 한결같이 영적인 요소를 담고 있습니다. 흔히 우리가 세상을 살아가는 동안에 잠시 소유했다가 사라질 현세적이며 물질적인 축복의 내용들이 아니라 목숨의 영원한 보장, 곧 예수 그리스도 안에서 구원의 종말론적 완성과 그 실질을 전인적으로 누리게 되는 천상적 삶의 전 과정에서 일체의 영광과 축복을 향유하는 것입니다.

38) 생명책에 녹명된 이름

- 어떤 이유로도 중도에서 취소되거나 무효화될 수 없습니다.

39) 성령의 은사(고전12:8~10)-9가지

- 지혜, 지식, 믿음, 병고침, 능력행함, 예언함, 영분별, 방언, 방언통역

40) 성령의 열매(갈5:22~23)-9가지

- 사랑, 희락, 화평, 오래참음, 자비, 양선, 충성, 온유, 절제

41) 복음

- 예수님의 구원에 대한 기쁜 소식(좋은 소식)
- 예수님의 구원소식

42) **신학** : 사랑을 배우는 학문

신학교 : 사랑을 배우는 학교

교회 : 사랑을 실천하는 곳(모임)

성도 : 사랑의 전도자

43) **주경신학** : 성경의 표면적 내용만을 해석(성경신학에 입문토록 함)
교의신학(조직신학) : 신앙의 뼈대로 나타냄(성경진리에 충실)
궁극적 교리, 완성된 작품(정적임)
역사신학 : 역사해석으로 정리(역사시각 자체가 주관적임)
실천신학 : 삶의 모습으로 표출됨(실천경험을 통해서 하나님을 깨달아 감)
성경신학 : 성경전체내용의 일관된 논리체계에 의하여 계시된 것을 증거 함
계시의 진행과정, 진리의 점진적 진행과정(역동적임)
- 언약적 구속사

44) **세상역사의 본질이 하나님의 구속사이며 동시에 세상역사는 하나님의 구속사가 성취되는 현장이요 무대입니다.**

45) **성경공부와 신앙생활**
- 성경을 모르면 : 애굽생활(종살이)
성경내용만을 알면 ; 광야생활(방랑생활)
하나님의 뜻(계시)을 알면 : 가나안생활(천국생활)

46) **성경의 역사 = 계시사 = 구속사 = 언약사 = 세상역사**

47) **새 언약의 궁극적 목표** : 교회의 출현입니다.

48) **성경신학** = 언약적 구속사
성경계시의 총화 = 하나님 나라 사상
하나님의 구속사 = 하나님의 절대 주권적 섭리역사

49) 예수 그리스도

- 신구약 언약의 총화이시며 성취의 당사자이십니다.
- '그리스도 안에서'란 예수 그리스도의 인격과 사역을 총체적으로 시사하는 표현입니다.

50) 하나님 나라 = 교회의 종말론적 실체(하나님이 통치하시는 나라)
교회 = 하나님 나라의 지상적 임재방식(성도들의 모임)
그리스도 = 성전의 실체
성전 = 교회 공동체
예배 = 구원받은 자들의 신앙적 고백행위

51) 하나님 나라의 성격

- '이미'(already)와 '아직'(not yet)의 이중 구조입니다.

52) 구약의 핵심 : 예수님이 오신다.(오셨음–탄생, 죽으심, 부활, 승천하심)
신약의 핵심 : 예수님이 다시 오신다.(재림)
요한계시록 : 예수님이 어떻게 다시 오시는가를 기록함

53) 신학의 근본목적

- 성경을 해석하려는 것이 아니고, 성경에 계시된 하나님을 알고 경외하려는 것입니다. (잠1:7, 잠9:10 신31:13)

54) 신학 : 하나님의 계시에 대한 연구

참고문헌 (무 순)

- 노우호 목사 : 성경통독집(하나), 하나님의 사람들(하나)
- 조병호 목사 : 성경통독 이렇게 하라(땅에 쓰신 글씨)
- 박근범 목사 : 성경의 파노라마(쿰란출판사)
- 김성주 목사 : 언약(남은자), 하나님의 구속경륜(WBS개혁사경회)
- S.G.DE.그라이프 저, 박권섭 역 : 약속 그리고 구원(크리스찬서적)
- 이원희 목사 : 성경지도(지계석)
- 박웅식목사 : 성경66권 기억관통(바울성경연구원)
- 송제근 교수 : 오경과 구약의 언약신학(두란노)
- 알란스트링 펠로우 지음, 두란노서원 편집 : 책별성경연구(두란노)
- 장수민 : 칼빈의 기독교강요 분석(칼빈아카데미)
- 제임스 벨, 제임스 디예트 지음, 배응준 옮김 : 독학성경(규장)
- 알란 스트링펠로우 지음, 두란노서원 편집 : 책별성경연구(두란노)
- 우형주 지음 : 성서이해(예루살렘)
- Terry Hall 지음, 안종환 옮김 : Bible 종합개관 Panorama(나침판)
- 로버트 C. 월톤 저, 고덕상 역 : 차트 교회사(기독교문서선교회)
- 해럴드 휘트니 지음, 윤두혁 옮김 : 기독교강요 핵심정리(생명의말씀사)
- 사이몬 젠킨슨 지음, 박연덕 옮김 : 성경과 함께보는 지도(목회자료사)
- 박영선 저 : 신앙 클리닉(규장)
- 좀 팀머 지음, 박혜영, 이석영 롬김 : 성경, 흐름을 잡아라(홍성사)
- 크리스토퍼 허드슨 지음, 배응준 옮김 : 하루만에 꿰뚫는 성경관통(규장)
- 이애실 사모 : 어? 성경이 읽어지네(두란노)
- 브루스윌킨슨, 케네스 보아 지음, 정인홍, 곽철호 옮김 : 한눈에 보는 성경(디모데)

문봉주 장로 : 성경의 맥을 잡아라(두란노)
- 폴 N. 벤웨어 지음, 곽철호 옮김 : 구약/신약 성경개론(요단출판사)
- 게할더스 보스 저, 이승구 역 : 성경신학(기독교문서선교회)
- Terry Hall 지음, 한상식 옮김 : 특급구약/신약관통(나침판)
- 하용조 목사 : 비전성경사전(두란노)
- 김동호 목사 : 생사를 건 교회개혁(규장)
- 이상달 목사, 신동구 목사 공저 : 예수 그리스도 안에서 본 성경 66권(도서출판 엔크)
- 이필찬 교수 : 요한계시록 어떻게 읽을 것인가(성서유니온선교회)p233,252, 내가 속히 오리라(이레서원)p863,907
- 고든D. 피, 더글러스 스튜어트 지음, 오광만, 박대영 역 : 성경을 어떻게 읽을 것인가(성서유니온선교회)
- 박도준 목사 : 분해해설 성경사전(외대문화사)
- 한국칼빈학회 엮음 : 칼빈연구(대한기독교서회)
- Alfred Gohler지음, 유정우 옮김 : 칼빈의 성화론(한국장로교출판사)
- 존 H. 리스 지음, 이용원 옮김 : 칼빈의 삶의 신학(한국장로교출판사)
- 쟈끄 꾸르브와지에 저, 이수영 역 : 개혁 신학자 츠빙글리(한국장로교출판사)
- 그레엄 골즈워디 지음, 김영철 옮김 : 복음과 하나님 나라(성서유니온선교회)
- 이순태 교수 : 언약과 구속(기독교문서선교회). 요한계시록을 어떻게 해석할 것인가.
- 독립개신교회 교육위원회 옮김, 김명순 펴냄 : 하이델베르크 요리문답(성약)
- 테리 홀 지음, 배응준 옮김 : 성경 파로라마(규장)
- 멜리C. 테니 지음, 배응준 옮김 : 요한계시록 해석
- 웨스트민스터 소요리문답/ 웨스트민스터 대요리문답/ 웨스트민스터 신앙고백서 등

편집후기

성경수능노트를 마무리하면서

오! 주님

그토록 사랑해주시고 인도해주심에 가슴이 터지도록, 뜨거운 감사를 드립니다. 오랜 세월동안 갈등하고 갈급해 하며 힘들고 고통스럽고 괴로워하던 나날들을 생각하며, 한 구절 한 구절 써내려가면서 깨달아질 때마다 가슴 벅차고 목이 메이며 복받쳐서 절로 뜨거운 눈물이 흘러내립니다.

그동안 버스에서, 지하철에서, 강의 중간 쉬는 시간에도 틈만 나면 메모지나 성경노트를 보며 몇 번이고 읽고 암기하며, 그리고 모르면 밤이 늦도록 시간가는 줄 모르고 자료를 찾아가며 고생하고 애쓴 나날들이 주마등처럼 스쳐 지나갑니다. 성경공부를 위해 수많은 밤을, 깨달아질 때마다 설레고 흥분하여 지새기도 하였습니다.

부족한 필자를 주님께서 이끄시고 깨닫게 하시며 글을 쓰도록 인도해주신 은혜를 생각하면 말로써 다 표현할 수 없으며 오직 주님께 무한한 감사와 영광을 드릴 뿐입니다.

그동안 성경 공부하면서 조금씩 하나님의 심정이 이해가 되며, 주님의 구원의 한없는 은혜에 대한 감사와 감격과 사랑을 피부로 느끼게 되었습니다.

본 책을 통하여 성도님들이 성경의 내용이 무엇인지, 성경이 무엇을 말씀하고 있는지, 믿음과 구원에 대하여, 그리고 하나님의 계시와 섭리에 대하여 이해하는데 많은 도움과 위로가 되셨으면 하는 간절한 마음뿐입니다.

아브라함도, 모세도 하나님께서 쓰시기 위해 준비시키신 것을 생각하며, 필자도 앞으로 남은 삶을 더욱 열심히 배우고 노력하여 그동안 필자와 같이 갈등하며 갈급해하는 성도님들을 위해 신앙에 도움을 드리고, 하나님께 영광을 돌리며 힘써 살아갈 것을 스스로 다짐하며 기도합니다.

그동안 주님의 한없는 은혜와 사랑과 위로와 인도하심을 생각하며 벅찬 마음에 그칠 줄 모르는 눈물을 닦으며…….

다시금 주님께 무한한 감사와 찬양과 존귀와 영광을 드립니다.
할렐루야, 아멘.

2009년 5월
부산행 KTX 열차에서

문학공원 신학서

성경 수능노트

초 판 인쇄일 2009년 10월 10일
개정판인쇄일 2013년 6월 26일
개정판발행일 2013년 7월 1일

지은이 : 민홍기
펴낸이 : 김순진
주 간 : 지성찬
편집장 : 전하라
디자인 : 김초롱
펴낸곳 : 도서출판 문학공원
등 록 : 2004년 3월 9일 제6-706호
주 소 : (우편번호 130-814)서울 동대문구 신설동 난계로 26길 17호
삼우빌딩 C동 302호 스토리문학사
전 화 : 02-2234-1666
팩 스 : 02-2236-1666
홈페이지 : http://cafe.daum.net/yob51
이메일 : 4615562@hanmail.net

* 책값은 뒤표지에 있습니다.
* 저자와의 협의에 의해 인지는 생략합니다.

ISBN : 978-89-6577-068-8 03230

이 책의 모든 수익금은 선교와 전도로써 복음사역을 위해 전액 사용할 것을 약속드립니다.

국립중앙도서관 출판시도서목록(CIP)

성경 수능노트 = Bible scholastic aptitude note : 문학공원 신학서 / 지은이: 민홍기. -- 개정판. -- 서울 : 문학공원, 2013
p. ; cm

ISBN 978-89-6577-068-8 03230 : ₩25000

성경[聖經]

233.08-KDC5
220.6-DDC21 CIP2013009544